EN ÆGTE PERUVIANSK ODYSSEY AF GADEMAD

Udforsk de autentiske smage af peruviansk Street Food

PETER LÖFGREN

Copyright materiale ©2023

Alle rettigheder forbeholdes

Ingen del af denne bog må bruges eller transmitteres i nogen form eller på nogen måde uden korrekt skriftligt samtykke fra udgiveren og copyright-indehaveren, bortset fra korte citater brugt i en anmeldelse. Denne bog bør ikke betragtes som en erstatning for medicinsk, juridisk eller anden professionel rådgivning.

INDHOLDSFORTEGNELSE

INDHOLDSFORTEGNELSE 3
INTRODUKTION 6
MORGENMAD 7
   1. Picarones/peruvianske donuts 8
   2. Tacu Tacu/bønnemos og rispandekage 10
   3. Peruviansk Quinoagrød / Quinua Atamalada 13
   4. Tortilla de Espinaca / Spinat Omelet 15
   5. Champorado /chokolade risengrød 17
   6. Sangrecita 19
   7. Peruanske tredobbelte sandwich 21
   8. Røde chilaquiler med spejlæg 23
   9. Tomat og spejlæg morgenmad på toast 26
FORRET OG SNACKS 28
   10. Pan con Chicharrón / Pork Sandwich 29
   11. Tamales Peruanos /peruvianske Tamales 31
   12. Patacones/Stegt plantains 33
   13. Hvid fisk Ceviche 35
   14. Tiradito/ Spicy Marineret Ceviche 37
   15. Ceviche de Conchas Negras/Sort Musling Ceviche 39
   16. Papa Rellena/Fyldt kartoffel 41
   17. Tequeños/ostestave med dipsauce 44
   18. Yuca Fries 46
   19. Peruansk Ceviche 48
   20. Papa a la Huancaína/Huancayo-stil kartofler 50
   21. Palta Rellena / Fyldt avokado 52
PASTA 54
   22. Carapulcra med Sopa Seca 55
   23. Tofu Lomo Saltado salat 57
   24. Grøn Spaghetti 59
   25. Grøn Sauce med Linguine 61
   26. Tallarines Rojos (rød nudelsauce) 63
   27. Tallarines Verdes con Pollo (grønne nudler med kylling) 65
GRØNTSAGERGRØT OG SALATER 67
   28. Causa Limeña/Lima-stil kartoffelgryde 68
   29. Rocoto Relleno/Fyldte Rocoto Peber 70
   30. Carapulcra/tørret kartoffelgryderet 73
   31. Solterito/peruviansk salade 75
   32. Krydret kartoffelterrin (Causa Rellena) 77

33. Ensalada de Pallares (peruviansk Lima bønnesalat) 79
34. Aji de Gallina salat 81
35. Ensalada de Quinua (Quinoa salat) 83
36. Lima bønner i koriander sauce 85
37. Solterito de Quinua (Quinoa Solterito salat) 87

OKSE, LAM OG SVINEKØD **89**
38. Pachamanca / Andes kød og grøntsager 90
39. Carne a la Tacneña/Tacna-stil oksekød 93
40. Seco de Cordero/Lammegryderet 95
41. Lomo Saltado /Stegt oksekød 98
42. Tacacho con Cecina/Stegt banan og tørret kød 100
43. Adobo/marineret svinegryde 102
44. Causa de Pollo (peruviansk kylling og kartoffelgryde) 104
45. Cordero a la Nortena (lam i nordlig stil) 106
46. Anticuchos / Grillet oksehjerte Spyd 108

FJERKRÆ **110**
47. Estofado de Pollo/Kyllinggryderet 111
48. Arroz med Pato/Anderis 114
49. Pollo a la Brasa/Rotisserie Kylling 117
50. Aji de Gallina / Kylling i Aji Pebersauce 119
51. Causa de Pollo/Chicken Causa 122
52. Arroz Chaufa/Peruviansk Fried Rice 125
53. Arroz con Pollo (peruviansk kylling og ris) 128
54. Papa a la Huancaína con Pollo 130
55. Aguadito de Pollo (peruviansk kylling og rissuppe) 132
56. Kylling og kartofler Pachamanca 134
57. Aji de Pollo (kylling i krydret Aji-sauce) 136
58. Quinotto con Pollo (kylling og quinoa Risotto) 138

MARSVIN **140**
59. Picante de Cuy/Marsvinegryderet 141
60. Cuy Chactado (stegt marsvin) 144
61. Pachamanca de Cuy (underjordisk ovnbagt marsvin) 146
62. Cuy al Horno (stegt marsvin) 148
63. Cuy con Papa a la Huancaina 150
64. Cuy Saltado (omrørt marsvin) 152
65. Cuy en Salsa de Mani (marsvin i jordnøddesauce) 154

FISK OG SKÅDÅR **156**
66. Trucha a la Plancha/Grillet ørred 157
67. Parihuela/Seafood Suppe 159
68. Limemarineret rå fisk (Cebiche) 162
69. Causa Rellena de Atún (Tuna Fyldt Causa) 164

70. Chupe de Camarones/Rejesuppe 166
71. Chupe de Pescado/Fish Chowder 169
72. Arroz con Mariscos/Seafood Rice 172
73. Escabeche de Pescado/Syltet fisk 175
CHOWDERS 178
74. Chupe de Ollucos/Olluco Kartoffelsuppe 179
75. Chupe de Camote/Sweet Potato Chowder 181
76. Kylling og koriander suppe (Aguadito de Pollo) 183
77. Chupe de Lentejas/Lentil Chowder 185
78. Chupe de Quinua/Quinoa Chowder 188
79. Chupe de Pallares Verdes/Green Bean Chowder 190
80. Chupe de Papa/Kartoffelsuppe 192
DESSERT 195
81. Humitas/dampede majskager 196
82. Arroz con Leche/Risengrød 198
83. Mazamorra Morada/Purple Corn Pudding 200
84. Mazamorra de Quinua/Quinoa Budding 203
85. Frejol Colado/Bønnepudding 205
86. Karamelkagesandwich (Alfajores) 207
87. Tres Leches kage (Pastel de Tres Leches) 209
88. Suspiro a la Limeña (peruviansk karamel og marengsdessert) 212
89. Mazamorra Morada /lilla majsbudding 214
90. Picarones (peruvianske græskardonuts med sirup) 216
91. Alfajores de Maicena (peruviansk majsstivelse Alfajores) 218
92. Helado de Lucuma (Lucuma is) 220
DRIKKE 222
93. Chicha de Jora/Gæret majsøl 223
94. Chicha Morada/lilla majsdrik 225
95. Inca Kola (peruviansk gul sodavand) 227
96. Maracuyá Sour (Passion Fruit Sour) 229
97. Coca Tea (Mate de Coca) 231
98. Jugos Naturales (frisk frugtjuice) 233
99. Pisco Punch 235
100. Coctel de Camu Camu (Camu Camu Fruit Cocktail) 237
KONKLUSION 239

INTRODUKTION

Velkommen til "En ægte peruviansk odyssey af gademad", en spændende kulinarisk rejse, der vil transportere dine smagsløg til de travle gader i Peru. I dette eventyr vil vi dykke ned i hjertet af Perus pulserende streetfood-kultur, hvor duften af sydende spyd og snakken fra entusiastiske sælgere skaber en atmosfære som ingen anden.

Perus gademad er en mosaik af smag, en afspejling af dens rige historie og forskellige påvirkninger. Når vi begiver os ud på denne odyssé, har du chancen for at udforske de autentiske smage og traditioner, der definerer det peruanske gadekøkken. Fra de verdensberømte anticuchos til mindre kendte ædelstene, vi afslører hemmelighederne bag disse lækre retter, der har fanget både lokale og rejsendes hjerter og ganer.

Forbered dig på at blive inspireret, mens vi deler historierne bag sælgerne, ingredienserne og teknikkerne, der gør peruviansk gademad til en virkelig uforglemmelig oplevelse. Uanset om du er en erfaren madentusiast eller ny i verden af peruvianske smagsvarianter, inviterer denne bog dig til at nyde essensen af Peru, en bid ad gangen. Så lad os tage ud på denne velsmagende odyssé, og sammen vil vi opdage den autentiske smag af peruviansk gademad.

MORGENMAD

1. Picarones/peruvianske donuts

INGREDIENSER:
- 2 kopper græskarpuré
- 2 kopper sød kartoffelpuré
- 1 kop universalmel
- 1/4 kop majsstivelse
- 1 tsk. aktiv tørgær
- 1 tsk. sukker
- 1/2 tsk. stødt kanel
- 1/4 tsk. malede nelliker
- 1/4 tsk. formalet anis
- 1/2 tsk. salt
- Vegetabilsk olie, til stegning
- 1 kop melasse eller chancaca sirup, til servering
- 1/2 kop ristede sesamfrø, til pynt

INSTRUKTIONER:
a) Kombiner græskarpuréen og sød kartoffelpuré i en stor skål.
b) Bland godt for at kombinere.
c) I en separat lille skål opløses den aktive tørgær og sukker i 1/4 kop varmt vand. Lad det sidde i 5 minutter eller indtil det bliver skummende.
d) Tilsæt gærblandingen til græskar- og sødkartoffelpuréen. Rør indtil det er godt indarbejdet.
e) I en anden skål sigtes universalmel, majsstivelse, stødt kanel, stødt nelliker, stødt anis og salt sammen.
f) Tilsæt gradvist de tørre ingredienser til græskar- og sødkartoffelblandingen under konstant omrøring, indtil du har en jævn og klistret dej. Lad dejen hvile i 30 minutter, så smagen kan udvikle sig.
g) I en stor dyb pande eller hollandsk ovn opvarmes vegetabilsk olie over medium-høj varme til omkring 350°F (175°C).
h) Brug en ske eller sprøjtepose med en bred spids, og slip forsigtigt klatter af dejen ned i den varme olie, og form dem til små ringe eller skiver. Steg Picarones/Peruvianske Donuts i omgange, og sørg for ikke at overfylde panden.
i) Steg Picarones/Peruvianske Donuts i cirka 3-4 minutter på hver side, eller indtil de bliver gyldenbrune og sprøde. Brug en hulske til at overføre dem til en tallerken foret med køkkenrulle for at dræne overskydende olie.
j) Server Picarones/peruvianske donuts lune, dryppet med melasse eller chancaca-sirup og drysset med ristede sesamfrø.

2.Tacu Tacu/bønnemos og rispandekage

INGREDIENSER:
- 2 kopper kogte hvide ris
- 1 kop kogte og krydrede kanariebønner eller sorte bønner
- 1/2 kop kogt bacon eller pancetta i fint hakket
- 1/2 kop kogt kødrester i fint skåret tern (såsom oksekød, kylling eller svinekød)
- 1/4 kop finthakket løg
- 2 fed hvidløg, hakket
- 1 tsk. spidskommen
- Salt, efter smag
- Friskkværnet sort peber efter smag
- Vegetabilsk olie, til stegning
- Spejlæg, til servering (valgfrit)
- Salsa criolla (peruviansk løg- og tomatsalsa), til servering (valgfrit)

INSTRUKTIONER:
a) I en stor skål kombineres de kogte hvide ris og kogte kanariebønner eller sorte bønner.
b) Mos dem sammen med en gaffel eller kartoffelmoser, indtil de er godt blandet. Blandingen skal holde sammen.
c) I en stegepande opvarmes en lille mængde vegetabilsk olie over medium varme.
d) Tilsæt bacon eller pancetta i tern og steg til de er sprøde. Fjern baconen fra panden og stil den til side, mens det afsmeltede fedt efterlades i stegepanden.
e) Tilsæt finthakket løg og hakket hvidløg i samme stegepande med det afsmeltede fedt. Sauter indtil løget bliver gennemsigtigt og velduftende.
f) Kom det finthakkede kød i gryden og steg i et par minutter, indtil det er gennemvarmet.
g) Tilsæt den mosede ris- og bønneblanding til gryden sammen med den kogte bacon.
h) Bland det hele godt sammen, og inkorporér ingredienserne jævnt.
i) Smag til med spidskommen, salt og sort peber efter smag.
j) Kog et par minutter mere, så smagen kan smelte sammen.
k) Tag blandingen ud af gryden og lad den køle lidt af.
l) Del blandingen i portioner og form dem til runde eller ovale bøffer, cirka 1/2 til 3/4 tomme tykke.
m) I en ren stegepande, opvarm nok vegetabilsk olie over medium varme til at dække bunden af stegepanden.
n) Tilsæt de formede Tacu Tacu/Mashed Bean- og Rispandekagefrikadeller og steg indtil de er gyldenbrune og sprøde på begge sider, ca. 3-4 minutter pr. side.
o) Fjern Tacu Tacu/Mashed Bean og Rispandekagefrikadeller fra stegepanden, og dræn dem på en tallerken foret med køkkenrulle for at fjerne overskydende olie.
p) Server Tacu Tacu/Mashed Bean and Rice Pancake varm med valgfri spejlæg på toppen og en side af salsa criolla for ekstra smag og friskhed.

3.Peruviansk Quinoagrød / Quinua Atamalada

INGREDIENSER:
- 1 kop quinoa
- 3 kopper vand
- 1 kop mælk
- 1/2 kop sukker (tilpas efter smag)
- 1 kanelstang
- 1 tsk vaniljeekstrakt
- Rosiner og hakkede nødder til pynt

INSTRUKTIONER:
a) Skyl quinoaen grundigt under koldt vand.
b) Kom quinoa, vand og kanelstangen i en gryde. Bring det i kog, reducer derefter varmen og lad det simre i cirka 15-20 minutter, eller indtil quinoaen er kogt og blandingen tykner.
c) Tilsæt mælk, sukker og vaniljeekstrakt. Rør rundt og fortsæt med at koge i yderligere 10-15 minutter.
d) Fjern kanelstangen.
e) Servér quinoagrøden varm, pyntet med rosiner og hakkede nødder.

4.Tortilla de Espinaca / Spinat Omelet

INGREDIENSER:
- 4 æg
- 1 kop frisk spinat, hakket
- 1/2 kop peberfrugt i tern
- 1/2 kop hakkede løg
- 1/2 kop revet ost
- Salt og peber efter smag
- Olivenolie til madlavning

INSTRUKTIONER:
a) Pisk æggene i en skål og tilsæt hakket spinat, peberfrugt i tern, løg i tern og revet ost. Smag til med salt og peber.
b) Varm olivenolie op i en slip-let pande ved middel varme.
c) Hæld æggeblandingen i gryden og kog til kanterne begynder at sætte sig.
d) Vend forsigtigt æggekagen og kog til den er gennemstegt og osten er smeltet.
e) Serveres varm.

5.Champorado /chokolade risengrød

INGREDIENSER:

- 1 kop glutinous ris
- 4 kopper vand
- 1/2 kop kakaopulver
- 1/2 kop sukker (tilpas efter smag)
- 1/2 kop inddampet mælk
- Knivspids salt
- Revet kokos eller kondenseret mælk til pynt

INSTRUKTIONER:

a) Kombiner glutinøse ris og vand i en gryde. Bring det i kog og lad det simre, indtil risene er kogte og blandingen tykner.
b) I en separat skål blandes kakaopulver, sukker, inddampet mælk og en knivspids salt til en chokoladesauce.
c) Kombiner chokoladesaucen med de kogte ris og rør godt.
d) Serveres varm, pyntet med revet kokos eller kondenseret mælk.

6.Sangrecita

INGREDIENSER:

- 500 gram kyllingeblod
- 40 ml fuldfed tung fløde
- 3 spiseskefulde olivenolie eller oksekød dryppende.
- 2 mellemstore hakkede løg
- 1 hoved hakket hvidløg
- 1 lille varm peber
- Oregano
- Hakket pebermynte og koriander
- Salt

INSTRUKTIONER:

a) Sæt kyllingeblodet i køleskabet for at køle det ned.
b) Steg hvidløg, løg og peber i olivenolien i op til 10 minutter.
c) Tilsæt de hakkede krydderurter, salt.
d) Fjern blodet, skær i små tern og tilsæt til blandingen.
e) Rør grundigt.
f) Tilsæt lidt mere olie og salt efter smag.

7. Peruanske tredobbelte sandwich

INGREDIENSER:
- 4 æg
- ¼ kop mayonnaise
- 8 skiver hvidt sandwichbrød, skorper fjernet
- 1 stor moden avocado
- 1 vinstokmodnet tomat, skåret i skiver
- ½ tsk hver salt og peber, delt

INSTRUKTIONER:
a) Læg æggene i et enkelt lag i gryden. Dæk med koldt vand med 2,5 cm.
b) Sæt gryden over høj varme og bring vandet i kog.
c) Læg tætsluttende låg på panden og tag den af varmen. Lad stå i 6 minutter.
d) Dræn vandet fra, og læg æggene under koldt rindende vand i 1 minut, eller indtil det er køligt nok til at håndtere. Skræl og skær hvert æg i skiver.
e) Fordel et tyndt lag mayonnaise på den ene side af hver skive brød.
f) Fordel avocado jævnt over 2 stykker brød; smag til med lidt salt og peber. Top avocado med et stykke brød, mayonnaisesiden opad.
g) Fordel tomat jævnt over de 2 stykker brød; smag til med lidt salt og peber.
h) Top tomat med et tredje stykke brød; mayo-siden opad. Fordel snittede æg jævnt over de 2 stykker brød; krydr med resterende salt og peber.
i) Top med det sidste stykke brød; mayo-siden nedad.
j) Skær hver sandwich i halve for at lave 4 portioner.

8. Røde chilaquiler med spejlæg

INGREDIENSER:
TIL SAUSEN:
- En 12-ounce dåse flåede tomater sammen med 1/2 kop af de tilhørende juice
- 1 jalapeño, frø medfølger, groft hakket
- 1 lille hvidt løg i tern
- 2 chipotle peberfrugter i adobo sauce
- 4 fed hvidløg
- 1/4 kop groft hakket frisk koriander
- 2 spiseskefulde vegetabilsk olie
- 1 spsk agave nektar
- En knivspids salt

TIL MONTERING:
- Vegetabilsk olie til stegning
- Majstortillas, skåret eller revet i trekanter
- Salt og peber
- Revet Monterey Jack ost
- Cotija ost
- Æg
- Frisk koriander

INSTRUKTIONER:

a) Begynd med at lægge alle sauceingredienserne, undtagen olien, agaven og saltet, i en blender og blend indtil en jævn konsistens er opnået. Opvarm vegetabilsk olie i en stor gryde over medium varme, tilsæt derefter den blandede sauce og rør, indtil den tykner.

b) Tilsæt agave og salt. Her kan du støde på din første udfordring, som er at modstå fristelsen til at indtage al saucen eller fortære den direkte fra gryden med en pose Tostitos. Udvis tilbageholdenhed. (Saucen kan tilberedes på forhånd, afkøles og opbevares i køleskabet i op til en dag.)

SAMLE

c) Forvarm slagtekyllingen, og begynd at stege tortillaerne. Opvarm cirka 1/4 tomme olie i en gryde, og steg tortilla-trekanterne i omgange, vend dem halvvejs igennem, indtil de bliver noget sprøde, dog ikke helt sprøde.

d) Dræn de stegte tortillas på et køkkenrulle, krydr dem let med salt. Dette er din næste udfordring: fristelsen til at indtage al saucen med disse næsten chips. Du skal dog modstå.

e) I din valgte ret (brug en ildfast fad eller støbejernsgryde til en større samling, eller en tærteform eller en tallerken til en mindre gruppe), arrangere et lag tortillas, overlappende dem, mens du går. Hæld saucen over dem til det ønskede niveau af sauciness (generelt er mere bedre), og dæk dem derefter generøst med begge oste. Det er acceptabelt, at dette ser noget suppeagtigt ud; faktisk burde det. Steg blandingen, indtil osten er smeltet. Forsøg ikke at bruge en gaffel på dette tidspunkt.

f) Steg æggene let i en lille pande, og sørg for, at blommerne forbliver ukogte, fordi du ved, hvad der kommer.

g) Hæld portioner af den saftige tortillablanding i individuelle skåle, tilsæt et æg eller to, lidt frisk koriander, og smag til med salt og peber.

9.Tomat og spejlæg morgenmad på toast

INGREDIENSER:
- 4 tykke skiver landlig brød
- Olivenolie
- 1 stort fed hvidløg, pillet
- 1 stor moden tomat, halveret
- 4 store æg
- Salt og peber

INSTRUKTIONER:

a) Pensl begge sider af de tykke brødskiver med et strejf af olivenolie og rist i ovnen eller toasterovnen ved omkring 375°F, indtil de bliver gyldne og sprøde.

b) Når toastene er klar, tager du dem ud af ovnen og gnider dem generøst med det pillede hvidløgsfed efterfulgt af den afskårne side af tomaten.

c) Mens du gnider, skal du sørge for at presse tomatens saftige indre på toastene. Drys et nip salt og peber på toastene.

d) Tilsæt et tyndt lag olivenolie i en stor stegepande eller stegepande og opvarm det over medium-høj varme.

e) Slå æggene ned i gryden, krydr dem med salt og peber, dæk derefter gryden og kog indtil æggehviderne er stivnet, mens blommerne holdes flydende. Læg et spejlæg oven på hvert stykke toast og server.

f) Nyd din lækre morgenmad!

FORRET OG SNACKS

10. Pan con Chicharrón / Pork Sandwich

INGREDIENSER:

- 4 små rundstykker (såsom ciabatta eller franske rundstykker)
- 1 lb svinekød, skåret i tynde skiver
- 2 fed hvidløg, hakket
- 1 tsk spidskommen
- 1/2 tsk paprika
- Salt og peber efter smag
- Søde kartofler i skiver
- Salsa criolla (løg, limesaft og chilipeber) til topping

INSTRUKTIONER:

a) Mariner svineskiverne i en skål med hvidløg, spidskommen, paprika, salt og peber. Lad det marinere i mindst 30 minutter.
b) Varm lidt olie på en pande og steg det marinerede svinekød til det er sprødt og gennemstegt.
c) Skær rundstykkerne i halve og lag det kogte svinekød, skåret søde kartofler og salsa criolla.
d) Luk rullerne og server dem varme.

11.Tamales Peruanos /peruvianske Tamales

INGREDIENSER:

- 2 kopper masa harina (majsmel)
- 1/2 kop vegetabilsk olie
- 1 kop kyllinge- eller svinebouillon
- 1 tsk aji amarillo pasta (peruviansk gul chilipasta)
- 1/2 kop kogt og strimlet kylling eller svinekød
- 2 kogte æg, skåret i skiver
- Skivede oliven og rosiner til fyld
- Bananblade eller majsskaller til indpakning

INSTRUKTIONER:

a) Kombiner masa harina, vegetabilsk olie, kyllinge- eller svinebouillon og aji amarillo-pasta i en stor skål. Bland indtil du har en glat dej.
b) Tag et bananblad eller majsskaller, læg en skefuld af dejen på det, og spred det ud.
c) Tilføj en skive æg, lidt strimlet kød, oliven og rosiner i midten af dejen.
d) Fold bananbladet eller majsskallet for at pakke tamalen ind, så du får en pæn pakke.
e) Damp tamales i cirka 45 minutter til 1 time, indtil de er kogte og faste.
f) Server tamales med yderligere salsa criolla eller aji sauce, hvis det ønskes.

12. Patacones/Stegt plantains

INGREDIENSER:
- 2 grønne plantains
- Vegetabilsk olie til stegning
- Salt efter smag

INSTRUKTIONER:

a) Start med at skrælle de grønne plantains. For at gøre dette skal du skære enderne af plantainerne af og lave en langsgående slids langs huden. Fjern skindet ved at trække det væk fra plantainen.

b) Skær plantainerne i tykke skiver, cirka 2,5 cm tykke.

c) Varm vegetabilsk olie i en dyb stegepande eller stegepande over medium varme. Sørg for, at der er nok olie til helt at nedsænke plantainskiverne.

d) Kom forsigtigt plantainskiverne i den varme olie og steg dem i cirka 3-4 minutter på hver side eller indtil de bliver gyldenbrune.

e) Fjern de stegte plantainskiver fra olien og læg dem på en tallerken foret med køkkenrulle for at dræne overskydende olie af.

f) Tag hver stegt plantain skive og flad den med bunden af et glas eller et køkkenredskab, der er specielt designet til fladning.

g) Kom de flade plantainskiver tilbage i den varme olie og steg dem i yderligere 2-3 minutter på hver side, indtil de bliver sprøde og gyldenbrune.

h) Når de er stegt til det ønskede sprøde niveau, skal du fjerne Patacones/Fried Plantains fra olien og placere dem på en tallerken foret med køkkenrulle for at dræne overskydende olie.

i) Drys Patacones/Fried Plantains med salt efter smag, mens de stadig er varme.

j) Server Patacones/Fried Plantains som tilbehør eller som base til toppings eller fyld, såsom guacamole, salsa eller strimlet kød.

13. Hvid fisk Ceviche

INGREDIENSER:
- 1 pund friske hvide fiskefileter (såsom skrubber eller snapper), skåret i mundrette stykker
- 1 kop frisk limesaft
- 1 lille rødløg, skåret i tynde skiver
- 1-2 friske rocoto- eller habanero-peberfrugter, frøet og finthakket
- 1/2 kop hakket frisk koriander
- 1/4 kop hakkede friske mynteblade
- 2 fed hvidløg, hakket
- Salt, efter smag
- Friskkværnet sort peber efter smag
- 1 sød kartoffel, kogt og skåret i skiver
- 1 majs aks, kogt og kerner fjernet
- Salatblade, til servering

INSTRUKTIONER:

a) I en ikke-reaktiv skål kombineres fiskestykkerne med limesaften, og sørg for, at fisken er helt dækket.

b) Lad det marinere i køleskabet i cirka 20-30 minutter, indtil fisken bliver uigennemsigtig.

c) Dræn limesaften fra fisken og kassér saften.

d) Kombiner den marinerede fisk i en separat skål med rødløg, rocoto eller habanero peber, koriander, mynte og hvidløg. Vend forsigtigt for at kombinere.

e) Smag til med salt og friskkværnet sort peber efter smag. Juster mængden af rocoto eller habanero peber i henhold til dit ønskede niveau af krydrethed.

f) Lad cevichen marinere i køleskabet i yderligere 10-15 minutter for at lade smagene smelte sammen.

g) Server cevichen afkølet på en bund af salatblade, pyntet med skiver af kogt sød kartoffel og majskerner.

14. Tiradito/ Spicy Marineret Ceviche

INGREDIENSER:
- 1 pund friske fiskefileter (såsom skrubber, tunge eller snapper), i tynde skiver
- Saft af 3-4 limefrugter
- 2 spsk. ají amarillo pasta
- 2 fed hvidløg, hakket
- 1 spsk. soya sovs
- 1 spsk. olivenolie
- 1 tsk. sukker
- Salt, efter smag
- Peber, efter smag
- Frisk koriander, hakket, til pynt
- Rødløg i tynde skiver til pynt
- Rocoto-peber eller rød chilipeber, skåret i tynde skiver, til pynt

INSTRUKTIONER:
a) Læg fiskefileterne i tynde skiver i et lavt fad.
b) I en skål kombineres limesaft, ají amarillo-pasta, hakket hvidløg, sojasauce, olivenolie, sukker, salt og peber. Pisk sammen indtil godt kombineret.
c) Hæld marinaden over fisken, og sørg for, at hver skive er jævnt belagt.
d) Lad fisken marinere i køleskabet i cirka 10-15 minutter. Syren i limesaften vil "koge" fisken lidt.
e) Anret de marinerede fiskeskiver på et serveringsfad.
f) Dryp lidt af marinaden over fisken som dressing.
g) Pynt Tiradito/peruvianske ceviche med hakket frisk koriander, tyndt skåret rødløg og skåret rocoto-peber eller rød chilipeber.
h) Server Tiradito/peruvianske ceviche med det samme som en forret eller en let hovedret.

15. Ceviche de Conchas Negras/Sort Musling Ceviche

INGREDIENSER:
- 1 pund friske sorte muslinger (conchas negras), renset og slynget
- 1 rødløg, skåret i tynde skiver
- 2-3 rocoto-peber eller andre spicy chilipeber, finthakket
- 1 kop friskpresset limesaft
- 1/2 kop friskpresset citronsaft
- Salt efter smag
- Friske korianderblade, hakket
- Majskerner (valgfrit)
- Sød kartoffel, kogt og skåret i skiver (valgfrit)
- Salatblade (valgfrit)

INSTRUKTIONER:
a) Skyl de sorte muslinger grundigt under koldt vand for at fjerne sand eller grus. Skyd forsigtigt muslingerne, kassér skallerne og behold kødet. Skær muslingkødet i mundrette stykker.
b) Kombiner de hakkede sorte muslinger, rødløgsskiver og rocoto- eller chilipeber i en ikke-reaktiv skål.
c) Hæld den friskpressede lime og citronsaft over muslingblandingen, og sørg for, at alle ingredienser er dækket af citrussaften. Dette vil hjælpe med at "koge" muslingerne.
d) Smag til med salt efter smag og bland forsigtigt det hele sammen.
e) Dæk skålen med plastfolie og stil den på køl i cirka 30 minutter til 1 time. I løbet af denne tid vil syren fra citrussaften marinere yderligere og "koge" muslingerne.
f) Inden servering smages ceviche til og krydderiet justeres efter behov.
g) Pynt med friskhakkede korianderblade.
h) Valgfrit: Server cevichen med kogte majskerner, skåret søde kartofler og salatblade for ekstra tekstur og tilbehør.
i) Server Ceviche de Conchas Negras/Black Clam Ceviche afkølet som forret eller hovedret. Nyd den med ristede majskerner (cancha) eller sprøde majstortillas.
j) Bemærk: Det er vigtigt at bruge friske sorte muslinger af høj kvalitet til denne ceviche. Sørg for, at muslingerne kommer fra pålidelige leverandører af fisk og skaldyr og er ordentligt rengjort før brug.

16. Papa Rellena/Fyldt kartoffel

INGREDIENSER:
- 4 store kartofler, skrællet og delt i kvarte
- 1 spsk. vegetabilsk olie
- 1 lille løg, finthakket
- 2 fed hvidløg, hakket
- 1/2 pund hakket oksekød eller hakket kød efter eget valg
- 1 tsk. stødt spidskommen
- 1/2 tsk. paprika
- Salt og peber efter smag
- 2 hårdkogte æg, hakket
- 12 oliven, udstenede og hakkede
- Vegetabilsk olie til stegning

INSTRUKTIONER:
a) Læg kartoflerne i en stor gryde med saltet vand og bring dem i kog.
b) Kog kartoflerne til de er gaffelmøre, cirka 15-20 minutter.
c) Dræn kartoflerne og kom dem over i en stor skål.
d) Mos kartoflerne, til de er glatte, og sæt dem til side.
e) I en stegepande opvarmes den vegetabilske olie over medium varme.
f) Tilsæt hakket løg og hakket hvidløg og sauter, indtil de er bløde og gennemsigtige.
g) Tilsæt hakkebøffen til stegepanden og steg, indtil den er brunet og gennemstegt. Bryd eventuelle store stykker kød op med en ske.
h) Krydr kødblandingen med stødt spidskommen, paprika, salt og peber. Rør godt for at kombinere krydderierne jævnt.
i) Tag gryden af varmen og rør de hakkede hårdkogte æg og oliven i.
j) Bland alt sammen, indtil det er godt indarbejdet.
k) Tag en portion af kartoffelmosen (ca. på størrelse med en lille tennisbold) og flad den i hånden. Læg en skefuld af kødblandingen i midten af den flade kartoffel og form kartoffeldejen rundt om fyldet, så den danner en kugle. Gentag processen med den resterende kartoffelmos og kødblanding.
l) Opvarm nok vegetabilsk olie i en stor stegepande eller frituregryde til stegning over medium varme. Læg forsigtigt kartoffelkuglerne i den varme olie og steg dem til de er gyldenbrune og sprøde på alle sider. Fjern Papa Rellena/fyldte kartofler fra olien og dræn dem på en tallerken foret med køkkenrulle.
m) Server Papa Rellena/fyldte kartofler varm som forret eller hovedret. De kan nydes for sig selv eller med en side af salsa criolla (en traditionel peruviansk løg og tomat relish) eller aji sauce (en krydret peruansk sauce).
n) Nyd de lækre smage af Papa Rellena/fyldte kartofler, mens de stadig er varme og sprøde.

17.Tequeños/ostestave med dipsauce

INGREDIENSER:
- 12 æggerull-indpakninger (eller wonton-indpakninger)
- 12 skiver queso fresco (frisk hvid ost)
- 1 æg, pisket (til forsegling af indpakningen)
- Olie til stegning

Til dipsauce:
- 2 spsk aji amarillo pasta
- 1/4 kop mayonnaise
- 1 spsk limesaft
- Salt og peber efter smag

INSTRUKTIONER:
a) Læg en æggerulleindpakning ud, læg en skive queso fresco i midten, og rul den sammen, forsegl kanterne med sammenpisket æg.
b) Varm olie i en gryde til stegning.
c) Steg tequeños til de er gyldenbrune og sprøde.
d) Til dipsaucen blandes aji amarillo-pasta, mayonnaise, limesaft, salt og peber.
e) Server tequeños med dipsaucen.

18.Yuca Fries

INGREDIENSER:
- 2 lbs yuca (cassava), skrællet og skåret i fritter
- Olie til stegning
- Salt efter smag

INSTRUKTIONER:
a) Opvarm olie i en frituregryde eller en stor gryde til 350°F (175°C).
b) Steg yuca-fritterne i omgange, indtil de er gyldne og sprøde, cirka 4-5 minutter.
c) Fjern og afdryp på køkkenrulle.
d) Drys med salt og server varm.

19.Peruansk Ceviche

INGREDIENSER:
- 1 lb hvid fisk (såsom havaborre eller tunge), skåret i små stykker
- 1 kop frisk limesaft
- 1 rødløg, fint skåret
- 2-3 aji limo peberfrugter (eller anden hot chilipeber), finthakket
- 1-2 fed hvidløg, hakket
- 1 sød kartoffel, kogt og skåret i skiver
- 1 majs aks, kogt og skåret i tern
- Frisk koriander, hakket
- Salt og peber efter smag

INSTRUKTIONER:
a) I en stor skål kombineres fisk og limesaft. Syren i limesaften vil "koge" fisken. Lad det marinere i cirka 10-15 minutter.
b) Tilsæt de snittede rødløg og aji limo peberfrugter til den marinerende fisk. Bland godt.
c) Smag til med hakket hvidløg, salt og peber.
d) Server cevichen med kogte søde kartoffelskiver, majsrunde og en pynt med frisk koriander.

20.Papa a la Huancaína/Huancayo-stil kartofler

INGREDIENSER:
- 4 store gule kartofler
- 1 kop aji amarillo sauce (lavet af peruviansk gul chilipeber)
- 1 kop queso fresco (peruviansk friskost), smuldret
- 4 saltholdige kiks
- 1/4 kop inddampet mælk
- 2 spiseskefulde vegetabilsk olie
- 2 hårdkogte æg, skåret i skiver
- Sorte oliven til pynt
- Salatblade (valgfrit)

INSTRUKTIONER:
a) Kog kartoflerne til de er bløde, skræl dem og skær dem i skiver.
b) Kombiner aji amarillo-sauce, queso fresco, saltkiks, inddampet mælk og vegetabilsk olie i en blender. Blend indtil du har en cremet sauce.
c) Arranger kartoffelrunderne på en tallerken (på salatblade hvis det ønskes).
d) Hæld Huancaína-saucen over kartoflerne.
e) Pynt med hårdkogte æggeskiver og sorte oliven.
f) Serveres koldt.

21.Palta Rellena / Fyldt avokado

INGREDIENSER:
- 2 modne avocadoer, halveret og udstenet
- 1 dåse tun, afdryppet
- 1/4 kop mayonnaise
- 1/4 kop hakket frisk koriander
- 1/4 kop rødløg, finthakket
- Limesaft
- Salt og peber efter smag
- Salatblade til servering

INSTRUKTIONER:
a) Skrab lidt af avocadokødet ud fra midten af hver avocadohalvdel for at skabe en hulning.
b) Bland tun, mayonnaise, koriander, rødløg og et skvæt limesaft i en skål. Smag til med salt og peber.
c) Fyld avocadohalvdelene med tunblandingen.
d) Server på en bund af salatblade.
e) Nyd disse ekstra peruvianske forretter og snacks!

PASTA

22.Carapulcra med Sopa Seca

INGREDIENSER:

TIL CARAPULCRA:
- 2 lbs tørrede kartofler (papas secas)
- 1 lb svinekød, skåret i tern
- 1/4 kop aji panca pasta (peruviansk rød chilipasta)
- 1/4 kop jordnødder
- 1 rødløg, finthakket
- 4 fed hvidløg, hakket
- 2 kopper hønsebouillon
- 1/2 kop hvidvin
- 2 laurbærblade
- Vegetabilsk olie til stegning
- Salt og peber efter smag

TIL SOPA SECA:
- 2 kopper englehårspasta, brækket i små stykker
- 1/4 kop vegetabilsk olie
- 2 fed hvidløg, hakket
- 2 kopper hønsebouillon
- Salt og peber efter smag

INSTRUKTIONER:

a) Til Carapulcra: Varm vegetabilsk olie op i en stor gryde og brun det hakkede svinekød.

b) Tilsæt finthakket løg, hakket hvidløg og aji panca-pasta. Kog indtil løget er blødt.

c) Rør jordnødder, tørrede kartofler, hønsebouillon, hvidvin, laurbærblade, salt og peber i. Lad det simre, indtil de tørrede kartofler er bløde og stuvningen tykner.

d) Til Sopa Seca: Opvarm vegetabilsk olie i en separat gryde og sauter pastaen med knust englehår, indtil den bliver gyldenbrun.

e) Tilsæt hakket hvidløg, hønsebouillon, salt og peber. Kog indtil pastaen er blød og bouillonen er absorberet.

f) Server Carapulcra og Sopa Seca sammen for en lækker peruviansk kombination.

23.Tofu Lomo Saltado salat

INGREDIENSER:
TIL SALATEN:
- 2 kopper blandet grøntsalat (f.eks. salat, spinat, rucola)
- 1 rødløg, skåret i tynde skiver
- 1 tomat, skåret i tern
- 1 kop kogt quinoa
- 1 kop ristede røde peberstrimler
- 1/2 kop kogte grønne bønner

TIL LOMO SALTADO TOFU:
- 14 oz ekstra fast tofu, i tern
- 2 spsk sojasovs
- 1 spsk eddike
- 1 spsk aji amarillo pasta (peruviansk gul chilipasta)
- 1 fed hvidløg, hakket
- Salt og peber efter smag
- Vegetabilsk olie til stegning

INSTRUKTIONER:
a) Kast tofu-terningerne med sojasovs, eddike, aji amarillo-pasta, hakket hvidløg, salt og peber. Mariner i cirka 15 minutter.
b) Varm vegetabilsk olie i en gryde og steg den marinerede tofu, indtil den er sprød.
c) Saml salaten ved at arrangere det blandede grønt, rødløg, tomat, quinoa, ristet rød peber og grønne bønner.
d) Top salaten med den sprøde Lomo Saltado tofu.
e) Server med en let vinaigrette eller dressing efter eget valg.

24. Grøn Spaghetti

INGREDIENSER:
- 1 pund fettuccine eller spaghetti pasta
- 2 kopper friske basilikumblade
- 1 kop friske spinatblade
- 1/2 kop revet parmesanost
- 1/4 kop valnødder eller pinjekerner
- 2 fed hvidløg
- 1/2 kop inddampet mælk
- 1/4 kop vegetabilsk olie
- 1 spsk. olivenolie
- Salt og peber efter smag
- Revet parmesanost til pynt

INSTRUKTIONER:

a) Kog pastaen efter anvisningen på pakken, indtil den er al dente. Dræn og sæt til side.

b) Kombiner basilikumblade, spinatblade, revet parmesanost, valnødder eller pinjekerner, hvidløg, inddampet mælk, vegetabilsk olie og olivenolie i en blender eller foodprocessor. Blend indtil du har en glat og levende grøn sauce.

c) Varm en stor stegepande op over medium varme.

d) Tilsæt den grønne sauce til stegepanden og kog i cirka 5 minutter, under omrøring af og til, indtil saucen er gennemvarmet.

e) Tilsæt den kogte pasta til gryden med den grønne sauce. Smid pastaen i saucen, indtil den er godt dækket og opvarmet.

f) Smag til med salt og peber efter smag. Juster krydderierne efter dine præferencer.

g) Overfør Tallarines Verdes/Green Spaghetti til et serveringsfad eller individuelle tallerkener. Pynt med revet parmesanost.

h) Server straks, mens de stadig er lune.

25. Grøn Sauce med Linguine

INGREDIENSER:
TIL TALLARINERNE:
- 8 oz fettuccine eller linguine pasta
- 2 kopper friske spinatblade
- 1/2 kop friske basilikumblade
- 1/4 kop queso fresco (peruviansk friskost)
- 2 fed hvidløg, hakket
- 1/4 kop inddampet mælk
- 2 spiseskefulde vegetabilsk olie
- Salt og peber efter smag

TIL SALATEN:
- Blandede grøntsager (f.eks. salat, rucola, spinat)
- cherrytomater
- Skåret avocado

INSTRUKTIONER:

a) Kog pastaen efter anvisning på pakken, indtil den er al dente. Dræn og sæt til side.

b) Kombiner frisk spinat, basilikum, queso fresco, hakket hvidløg, inddampet mælk, vegetabilsk olie, salt og peber i en blender. Blend indtil du har en cremet grøn sauce.

c) Vend den kogte pasta med den grønne sauce, indtil den er godt dækket.

d) Server den grønne pasta på en bund af blandet grønt, pyntet med cherrytomater og avocado i skiver.

26.Tallarines Rojos (rød nudelsauce)

INGREDIENSER:

TIL TALLARINERNE:
- 8 oz fettuccine eller linguine pasta
- 1/4 kop vegetabilsk olie
- 2 fed hvidløg, hakket
- 1/4 kop aji panca pasta (peruviansk rød chilipasta)
- 1 kop inddampet mælk
- 1/4 kop queso fresco (peruviansk friskost)
- Salt og peber efter smag

TIL SALATEN:
- Blandede grøntsager (f.eks. salat, rucola, spinat)
- Skåret avocado
- cherrytomater

INSTRUKTIONER:

a) Kog pastaen efter anvisning på pakken, indtil den er al dente. Dræn og sæt til side.

b) Opvarm vegetabilsk olie i en gryde og tilsæt hakket hvidløg. Kog i et minut, indtil dufter.

c) Rør aji panca pasta, inddampet mælk, queso fresco, salt og peber. Kog indtil saucen tykner.

d) Vend den kogte pasta med den røde sauce, indtil den er godt dækket.

e) Server den røde pasta på en bund af blandet grønt, pyntet med skiver avocado og cherrytomater.

27. Tallarines Verdes con Pollo (grønne nudler med kylling)

INGREDIENSER:

TIL DEN GRØNNE SAUCE:
- 2 kopper friske spinatblade
- 1/2 kop friske basilikumblade
- 1/4 kop queso fresco (peruviansk friskost)
- 2 fed hvidløg, hakket
- 1/4 kop inddampet mælk
- 2 spiseskefulde vegetabilsk olie
- Salt og peber efter smag

TIL HØNEN:
- 4 udbenede, skindfri kyllingebryst
- 2 spiseskefulde vegetabilsk olie
- Salt og peber efter smag

TIL NUDLERNE:
- 8 oz fettuccine eller linguine pasta
- Revet parmesanost til pynt

INSTRUKTIONER:

a) Kombiner frisk spinat, basilikum, queso fresco, hakket hvidløg, inddampet mælk, vegetabilsk olie, salt og peber i en blender. Blend indtil du har en glat grøn sauce.

b) Krydr kyllingebrystene med salt og peber, og grill eller steg dem på panden, indtil de er gennemstegte.

c) Kog pastaen efter anvisning på pakken, indtil den er al dente. Dræn og sæt til side.

d) Vend den kogte pasta med den grønne sauce, indtil den er godt dækket.

e) Server de grønne nudler med et grillet kyllingebryst på toppen, pyntet med revet parmesanost.

GRØNTSAGERGRØT OG SALATER

28.Causa Limeña/Lima-stil kartoffelgryde

INGREDIENSER:
- 4 store gule kartofler, kogt og skrællet
- 2 spsk. vegetabilsk olie
- 2 spsk. Limesaft
- 1 tsk. gul ají peberpasta (eller erstat med aji amarillo pasta)
- Salt, efter smag
- 1 dåse (5 oz) tun på dåse, drænet
- 1 avocado, skåret i skiver
- 4-6 salatblade
- 2 hårdkogte æg, skåret i skiver
- 8 sorte oliven
- Frisk persille eller koriander, hakket, til pynt

INSTRUKTIONER:
a) Mos de kogte og skrællede gule kartofler i en stor skål, indtil de er glatte og klumpfrie.
b) Tilsæt vegetabilsk olie, limesaft, gul ají peberpasta og salt.
c) Bland godt for at kombinere alle ingredienserne og smag til.
d) Beklæd et rektangulært eller firkantet fad med plastfolie, så der er nok udhæng til at dække toppen senere.
e) Fordel halvdelen af kartoffelblandingen jævnt i det forede fad, og tryk det ned for at danne et kompakt lag.
f) Top kartoffellaget med dåsetun, fordel det jævnt over kartoflerne.
g) Læg den skårne avocado oven på tunlaget, og dæk det helt.
h) Tilsæt den resterende kartoffelblanding ovenpå, glat den ud for at skabe et sidste lag.
i) Fold plastfolien over toppen for at dække causaen og stil den på køl i mindst 1 time, så den kan sætte sig og stivne.
j) Når den er afkølet og fast, fjernes causaen fra fadet ved at løfte den ud ved hjælp af den overhængende plastfolie. Fjern forsigtigt plastfolien og læg causaen på et serveringsfad.
k) Arranger salatbladene ovenpå causaen. Pynt med hårdkogte æg i skiver, sorte oliven og friskhakket persille eller koriander.
l) Skær Causa Limeña/Lima-stil kartoffelgryde i individuelle portioner og server afkølet.

29.Rocoto Relleno/Fyldte Rocoto Peber

INGREDIENSER:
- 6 rocoto peberfrugter (erstat med røde peberfrugter for mildere varme)
- 1 pund hakket oksekød eller svinekød
- 1/2 kop hakket løg
- 3 fed hvidløg, hakket
- 1/2 kop hakkede tomater
- 1/4 kop rosiner
- 1/4 kop sorte oliven, skåret i skiver
- 1/4 kop hakket frisk persille
- 1 tsk. stødt spidskommen
- 1 tsk. tørret oregano
- Salt, efter smag
- Peber, efter smag
- 1 kop revet ost (såsom mozzarella eller cheddar)
- Vegetabilsk olie, til stegning
- Til Huancaina-sauce (valgfrit):
- 1 kop inddampet mælk
- 1 kop smuldret queso fresco eller fetaost
- 2 gule ají peberfrugter (eller erstatning med aji amarillo pasta)
- 4 saltholdige kiks
- Salt, efter smag

INSTRUKTIONER:
a) Forvarm ovnen til 350°F (175°C).
b) Skær toppen af rocoto-peberne af og fjern kerner og hinde.
c) Vær forsigtig, da rocoto peber kan være krydret. Hvis det ønskes, læg peberfrugterne i blød i saltet vand i 15 minutter for at reducere varmen.
d) I en stegepande koges hakket oksekød eller svinekød over medium varme, indtil det er brunet.
e) Tilsæt hakket løg og hakket hvidløg, og svits indtil løget bliver gennemsigtigt.
f) Rør de hakkede tomater, rosiner, sorte oliven, hakket persille, stødt spidskommen, tørret oregano, salt og peber i.
g) Kog et par minutter mere, så smagen kan smelte sammen. Fjern fra varmen og sæt til side.
h) Fyld hver rocoto-peber med kødblandingen, tryk den forsigtigt ned for at fylde hele peberen.
i) Top hver fyldt peberfrugt med revet ost.
j) Opvarm vegetabilsk olie i en dyb stegepande eller stegepande over medium-høj varme.
k) Læg forsigtigt de fyldte rocoto-peberfrugter i den varme olie og steg dem, indtil peberfrugterne bliver lidt bløde og osten er smeltet og boblende, cirka 5-7 minutter. Fjern fra olien og afdryp på en plade beklædt med køkkenrulle.
l) Overfør de stegte rocoto-peberfrugter til en ovnfast fad og bag dem i den forvarmede ovn i cirka 15 minutter, eller indtil peberfrugterne er gennemstegte og møre.
m) Mens rocoto-peberne bager, tilbered Huancaina-sauce (valgfrit). I en blender kombineres den inddampede mælk, smuldret queso fresco eller fetaost, gul ají peber (eller aji amarillo pasta), saltkiks og salt.
n) Blend indtil glat og cremet.
o) Server Rocoto Relleno/Fyldte Rocoto Peppers varm, dryppet med Huancaina Sauce, hvis det ønskes.

30.Carapulcra/tørret kartoffelgryderet

INGREDIENSER:
- 1 lb (450 g) svinekød, skåret i mundrette stykker
- 2 kopper tørrede kartofler, udblødt i vand, indtil de er bløde
- 1 løg, finthakket
- 3 fed hvidløg, hakket
- 2 spsk. vegetabilsk olie
- 2 spsk. aji panca pasta (peruviansk rød peberpasta)
- 2 tsk. stødt spidskommen
- 1 tsk. tørret oregano
- 1 tsk. paprika
- 4 kopper kylling eller grøntsagsbouillon
- 1/2 kop jordnødder, ristede og malede
- Salt og peber efter smag
- Frisk koriander, hakket (til pynt)

INSTRUKTIONER:

a) I en stor gryde opvarmes den vegetabilske olie over medium varme.

b) Tilsæt svinekødet og steg, indtil det er brunet på alle sider. Fjern svinekødet fra gryden og stil det til side.

c) Tilsæt det hakkede løg og hakket hvidløg i samme gryde. Sauter indtil løget er gennemsigtigt og velduftende.

d) Tilsæt aji panca-pastaen, stødt spidskommen, tørret oregano og paprika til gryden. Rør godt rundt for at dække løg og hvidløg med krydderierne.

e) Kom det brunede svinekød tilbage i gryden og bland det med løg- og krydderiblandingen.

f) Dræn de udblødte tørrede kartofler og kom dem i gryden. Rør forsigtigt sammen med de øvrige ingredienser.

g) Hæld kyllinge- eller grøntsagsbouillon i, og sørg for, at kartoflerne og svinekødet er dækket. Bring blandingen i kog, reducer derefter varmen til lav og lad det simre i cirka 1 time, eller indtil kartoflerne er møre og smagene er smeltet sammen.

h) Rør de malede jordnødder i og smag til med salt og peber. Fortsæt med at simre i yderligere 10-15 minutter.

i) Fjern fra varmen og lad Carapulcra/tørret kartoffelgryderet hvile i et par minutter før servering.

j) Serveres varm, pyntet med friskhakket koriander.

31. Solterito/peruviansk salade

INGREDIENSER:
- 2 kopper kogte og afkølede kæmpe majskerner (choclo)
- 1 kop kogte og afkølede lima bønner
- 1 kop kogte og afkølede favabønner
- 1 kop kogte og afkølede grønne ærter
- 1 kop modne tomater i tern
- 1 kop rødløg i tern
- 1 kop hakket rocoto peber
- 1 kop queso fresco i tern (eller erstat med fetaost)
- 1/4 kop hakket frisk koriander
- 1/4 kop hakket frisk persille
- Salt og peber efter smag

FORBINDING
- 1/4 kop rødvinseddike
- 1/4 kop ekstra jomfru olivenolie
- 1 fed hvidløg, hakket
- Saft af 1 lime
- Salt og peber efter smag

INSTRUKTIONER:
a) Kombiner de kogte kæmpemajskerner, limabønner, favabønner, grønne ærter, hakkede tomater, rødløg, rocotopeber, queso fresco, hakket koriander og hakket persille i en stor røreskål.
b) Bland godt.
c) I en separat lille skål piskes rødvinseddike, ekstra jomfruolivenolie, hakket hvidløg, limesaft, salt og peber sammen for at lave dressingen.
d) Hæld dressingen over salatingredienserne og vend forsigtigt, indtil det hele er godt dækket.
e) Smag til og juster krydderiet med salt og peber, hvis det er nødvendigt.
f) Lad Solterito/Peruvian Salade-salaten marinere i køleskabet i mindst 30 minutter for at lade smagene blande sig.
g) Før servering, giv salaten et sidste kast og pynt med yderligere hakket koriander eller persille, hvis det ønskes.
h) Server Solterito/peruviansk salat afkølet som en forfriskende sideret eller en let hovedret.

32. Krydret kartoffelterrin (Causa Rellena)

INGREDIENSER:
TIL KARTOFLERNE
- 2 lbs. Yukon guld kartofler
- ½ kop olivenolie
- 1/3 kop limesaft (ca. 3)
- 1 tsk. aji amarillo pulver

TIL FYLDNINGERNE, VALG AF:
- Tun salat
- Kyllingesalat
- Rejesalat
- Tomat og avocado
- Til toppings
- Skåret hårdkogt æg
- Skåret avocado
- Halvede cherrytomater
- Sorte oliven
- Urter
- Peberfrugt

INSTRUKTIONER:
a) Kog kartoflerne, indtil de let gennembores med en kniv. Når det er køligt nok til at håndtere, skrælles skindet og moses glat eller kommes gennem en kartoffelrister.
b) Rør chilipulveret i limesaften, så der ikke er klumper, og tilsæt kartoflerne sammen med olivenolien. Tilsæt salt efter smag, du skal nok bruge mindst en teskefuld.
c) Beklæd to 9" pander med plastfolie og lad det ekstra hænge ud over kanten af panderne.
d) Fordel kartoffelblandingen mellem de to tilberedte pander og tryk for at flade og jævne ud. Bring kanterne af plastfolien over kartoffelkagen og stil den på køl, indtil den er afkølet.

AT SAMLE
e) Fjern den ene kartoffelkage fra panden ved at bruge plastikfolien, vend og læg den på et serveringsfad. Smør med fyld efter eget valg. Top med den anden kartoffelkage.
f) Nu kommer den sjove del. Dekorer din causa rellena ved at bruge et af de foreslåede toppings fra listen, eller brug din fantasi og brug det, du har ved hånden. Serveres afkølet.

33.Ensalada de Pallares (peruviansk Lima bønnesalat)

INGREDIENSER:
- 2 kopper kogte lima bønner (pallares), drænet
- 1 rødløg, fint skåret
- 1 kop friske majskerner (kogte)
- 1 kop cherrytomater, halveret
- 1/4 kop frisk koriander, hakket
- 1/4 kop queso fresco (peruviansk friskost), smuldret
- Limesaft
- Olivenolie
- Salt og peber efter smag

INSTRUKTIONER:
a) I en stor salatskål kombineres de kogte limabønner, snittede rødløg, friske majskerner og cherrytomater.
b) Dryp med limesaft og olivenolie. Smag til med salt og peber.
c) Vend salaten for at kombinere alle ingredienserne.
d) Pynt med smuldret queso fresco og frisk koriander.
e) Server som en forfriskende salat.

34.Aji de Gallina salat

INGREDIENSER:

TIL SALATEN:
- 2 kopper kogt og strimlet kylling
- 4 kogte kartofler, skåret i skiver
- 2 kogte æg, skåret i skiver
- 1/2 kop sorte oliven
- 1/4 kop ristede jordnødder
- Salatblade til servering

TIL AJI DE GALLINA-DRESSING:
- 1 kop aji amarillo sauce
- 1/2 kop inddampet mælk
- 1/4 kop revet parmesanost
- 2 skiver hvidt brød, skorper fjernet og udblødt i mælk
- 2 fed hvidløg, hakket
- 2 spiseskefulde vegetabilsk olie
- Salt og peber efter smag

INSTRUKTIONER:

a) I en blender kombineres aji amarillo sauce, inddampet mælk, parmesanost, opblødt brød, hakket hvidløg, salt og peber. Blend indtil glat.
b) Varm vegetabilsk olie i en gryde og tilsæt aji de gallina-sauce. Kog i et par minutter, indtil det tykner.
c) Anret salatblade på serveringsfade.
d) Top med strimlet kylling, kartofler i skiver og kogte æggeskiver.
e) Dryp aji de gallina-saucen over salaten.
f) Pynt med sorte oliven og ristede peanuts.
g) Serveres varm.

35.Ensalada de Quinua (Quinoa salat)

INGREDIENSER:

- 2 kopper kogt quinoa
- 1 kop agurk i tern
- 1 kop rød peberfrugt i tern
- 1 kop majskerner (kogte)
- 1/2 kop hakket frisk koriander
- 1/4 kop rødløg, finthakket
- 1/4 kop fetaost, smuldret
- Saft af 2 limefrugter
- Olivenolie
- Salt og peber efter smag

INSTRUKTIONER:

a) I en stor salatskål kombineres den kogte quinoa, agurk i tern, rød peberfrugt, majskerner, frisk koriander og rødløg.
b) Dryp med limesaft og olivenolie. Smag til med salt og peber.
c) Vend salaten for at kombinere alle ingredienserne.
d) Pynt med smuldret fetaost.
e) Server som en forfriskende quinoasalat.

36.Lima bønner i koriander sauce

INGREDIENSER:

- 2 kopper kogte lima bønner (pallares), drænet
- 1 kop friske korianderblade
- 2 fed hvidløg
- 1/2 kop queso fresco (peruviansk friskost), smuldret
- 2 spiseskefulde vegetabilsk olie
- Salt og peber efter smag

INSTRUKTIONER:

a) Kombiner frisk koriander, hvidløg, queso fresco, vegetabilsk olie, salt og peber i en blender. Blend indtil du har en jævn koriandersauce.
b) Vend de kogte limabønner med koriandersaucen.
c) Server som tilbehør eller let hovedret.

37. Solterito de Quinua (Quinoa Solterito salat)

INGREDIENSER:
- 2 kopper kogt quinoa
- 1 kop kogte og afskallede fava bønner (eller lima bønner)
- 1 kop queso fresco i tern (peruviansk friskost)
- 1 kop modne tomater i tern
- 1/2 kop rødløg i tern
- 1/4 kop hakket frisk koriander
- 1/4 kop sorte oliven
- 1/4 kop aji amarillo sauce (peruviansk gul chilisauce)
- Olivenolie
- Salt og peber efter smag

INSTRUKTIONER:
a) I en stor salatskål kombineres den kogte quinoa, fava bønner, queso fresco, hakkede tomater, hakket rødløg og hakket frisk koriander.
b) Dryp med olivenolie og aji amarillo sauce. Smag til med salt og peber.
c) Vend salaten for at kombinere alle ingredienserne.
d) Pynt med sorte oliven.
e) Server som en forfriskende quinoasalat.

OKSE, LAM OG SVINEKØD

38. Pachamanca / Andes kød og grøntsager

INGREDIENSER:

- 1 pund oksekød, skåret i stykker
- 1 pund svinekød, skåret i stykker
- 1 pund kylling, skåret i stykker
- 1 pund kartofler, skrællet og halveret
- 1 pund søde kartofler, skrællet og skåret i skiver
- 2 aks, afskallet og halveret
- 1 kop fava bønner eller lima bønner
- 1 kop friske eller frosne grønne ærter
- 1 kop friske eller frosne bønner
- 1 rødløg, skåret i tynde skiver
- 4 fed hvidløg, hakket
- 1 spsk. tørret oregano
- 1 spsk. stødt spidskommen
- 1 spsk. aji panca pasta (eller erstatning med rød chilipasta)
- 1/4 kop vegetabilsk olie
- Salt, efter smag
- Frisk koriander, hakket, til pynt

INSTRUKTIONER:

a) Forvarm ovnen til 350°F (180°C).

b) I en stor skål kombineres oksekød, svinekød, kylling, rødløg, hvidløg, tørret oregano, stødt spidskommen, aji panca-pasta, vegetabilsk olie og salt.

c) Bland godt for at sikre, at alt kødet er belagt med marinaden.

d) Lad det marinere i mindst 30 minutter, eller gerne natten over i køleskabet.

e) I en stor bradepande eller bradepande arrangeres det marinerede kød, kartofler, søde kartofler, majs, favabønner, grønne ærter og bondebønner.

f) Dæk bageformen tæt med aluminiumsfolie, og sørg for, at den er lukket godt for at fange dampen.

g) Sæt bageformen i den forvarmede ovn og steg i cirka 2 til 3 timer, eller indtil kødet er mørt og kartoflerne og de søde kartofler er gennemstegte.

h) Fjern forsigtigt folien og kontroller, om ingredienserne er færdige.

i) Hvis det er nødvendigt, fortsæt med at bage uden låg i et par minutter mere, indtil det hele er gennemstegt og pænt brunet.

j) Når den er kogt, skal du tage pachamancaen ud af ovnen og lade den hvile i et par minutter.

k) Anret pachamancaen på et stort fad, pyntet med friskhakket koriander.

39.Carne a la Tacneña/Tacna-stil oksekød

INGREDIENSER:
- 1,5 pund oksekød, skåret i mundrette stykker
- 1 løg, finthakket
- 2 fed hvidløg, hakket
- 1 rød peberfrugt, skåret i tynde skiver
- 1 gul peberfrugt, skåret i tynde skiver
- 1 tomat, i tern
- 2 spsk. af vegetabilsk olie
- 1 spsk. af ají panca pasta (peruviansk rød chilipasta) eller erstat med tomatpasta
- 1 tsk. af stødt kommen
- 1 tsk. af tørret oregano
- 1 kop oksebouillon
- 1 kop tør hvidvin
- Salt og peber efter smag
- Frisk koriander til pynt
- Kogte hvide ris til servering

INSTRUKTIONER:

a) I en stor gryde eller hollandsk ovn opvarmes den vegetabilske olie over medium varme.

b) Tilsæt det hakkede løg og hakket hvidløg i gryden, og svits indtil løget bliver gennemsigtigt og hvidløget dufter.

c) Tilsæt oksekødet i gryden og steg, indtil det er brunet på alle sider.

d) Rør ají panca-pastaen (eller tomatpastaen), stødt spidskommen og tørret oregano i.

e) Kog i et minut for at riste krydderierne.

f) Tilsæt de skåret røde og gule peberfrugter og tomat i tern til gryden. Rør godt sammen.

g) Hæld oksebouillon og hvidvin i.

h) Smag til med salt og peber efter smag.

i) Bring blandingen i kog, reducer derefter varmen til lav og lad det simre i cirka 1,5 til 2 timer, eller indtil oksekødet er mørt, og smagene er smeltet sammen. Rør af og til og tilsæt mere bouillon eller vand, hvis det er nødvendigt for at bevare den ønskede konsistens.

j) Når oksekødet er mørt, tages gryden af varmen.

k) Server Carne a la Tacneña/Tacna-stil oksekød varm over kogte hvide ris.

l) Pynt hver portion med frisk koriander.

40. Seco de Cordero/Lammegryderet

INGREDIENSER:
- 2 pund lammegryderet kød, skåret i stykker
- 2 spsk. vegetabilsk olie
- 1 løg, finthakket
- 3 fed hvidløg, hakket
- 2 spsk. ají amarillo pasta
- 1 tsk. stødt spidskommen
- 1 tsk. tørret oregano
- 1 kop mørk øl (såsom stout eller ale)
- 2 kopper oksekød eller grøntsagsbouillon
- 2 kopper hakkede tomater (friske eller dåse)
- 1/2 kop hakket koriander
- 2 kopper frosne eller friske grønne ærter
- 4 mellemstore kartofler, skrællet og delt i kvarte
- Salt, efter smag
- Peber, efter smag

INSTRUKTIONER:

a) Opvarm vegetabilsk olie i en stor gryde eller hollandsk ovn over medium varme.
b) Tilsæt lammegrydekødet og steg, indtil det er brunet på alle sider. Tag kødet ud af gryden og stil det til side.
c) Tilsæt det hakkede løg og hakket hvidløg i samme gryde. Sauter indtil løget bliver gennemsigtigt.
d) Rør ají amarillo-pastaen, stødt spidskommen og tørret oregano i.
e) Kog i endnu et minut, så smagene smelter sammen.
f) Kom lammegryderet tilbage i gryden og hæld den mørke øl i. Bring blandingen til at simre og kog i et par minutter, så alkoholen kan fordampe.
g) Tilsæt okse- eller grøntsagsbouillon og hakkede tomater i gryden. Bring blandingen i kog, reducer derefter varmen til lav, dæk gryden til og lad det simre i cirka 1 time, eller indtil lammet er mørt.
h) Rør hakket koriander, grønne ærter og kvarte kartofler i. Fortsæt med at simre i yderligere 15-20 minutter, eller indtil kartoflerne er gennemstegte, og smagene er smeltet sammen.
i) Smag til med salt og peber efter smag. Juster krydderier og tykkelse af saucen efter dine præferencer ved at tilføje mere bouillon, hvis det ønskes.
j) Server Seco de Cordero/Lammegryden varm, ledsaget af dampede ris og en side af avocadoskiver.

41. Lomo Saltado / Stegt oksekød

INGREDIENSER:
- 1 pund oksekød, skåret i tynde strimler
- 2 spsk. vegetabilsk olie
- 1 rødløg, skåret i skiver
- 2 tomater, skåret i tern
- 1 gul peberfrugt, skåret i skiver
- 1 grøn peberfrugt, skåret i skiver
- 3 fed hvidløg, hakket
- 2 spsk. soya sovs
- 2 spsk. rødvinseddike
- 1 tsk. spidskommen pulver
- Salt, efter smag
- Friskkværnet sort peber efter smag
- 1/4 kop hakket frisk koriander
- Pommes frites, kogte, til servering
- Dampet hvide ris, til servering

INSTRUKTIONER:
a) I en stor stegepande eller wok, opvarm vegetabilsk olie over høj varme.
b) Tilsæt oksekødstrimlerne til den varme olie og steg, indtil de er brune på alle sider.
c) Fjern oksekødet fra stegepanden og stil det til side.
d) Tilsæt det snittede rødløg i den samme stegepande og steg, indtil det er let blødt.
e) Tilsæt tomater, peberfrugter og hakket hvidløg til gryden. Steg et par minutter, indtil grøntsagerne er sprøde møre.
f) Kom det kogte oksekød tilbage i gryden og bland det godt sammen med grøntsagerne.
g) I en lille skål piskes sojasovsen, rødvinseddike, spidskommen, salt og sort peber sammen. Hæld denne sauce over oksekødet og grøntsagerne i gryden. Rør for at dække alt jævnt.
h) Kog i yderligere 2-3 minutter, så smagene smelter sammen.
i) Fjern stegepanden fra varmen og drys frisk koriander over Lomo Saltado.
j) Server Lomo Saltado varm, ledsaget af kogte pommes frites og dampede hvide ris.

42.Tacacho con Cecina/Stegt banan og tørret kød

INGREDIENSER:
- 4 grønne plantains
- 14 oz. cecina (saltet og røget svinekam)
- Vegetabilsk olie til stegning
- Salt efter smag

INSTRUKTIONER:

a) Start med at koge de grønne plantains i en stor gryde med vand, til de er bløde og møre. Dette tager normalt omkring 20-30 minutter.
b) Mens plantainerne koger, skæres cecinaen i tynde strimler eller små stykker.
c) Opvarm en stegepande over medium varme og tilsæt en lille mængde vegetabilsk olie.
d) Steg cecinaen på panden, indtil den bliver sprød og brun på begge sider. Dette tager normalt omkring 5-7 minutter. Sæt til side.
e) Når plantainerne er kogt, fjernes de fra vandet og skindet pilles af. De skal være bløde og nemme at håndtere.
f) Læg de skrællede plantains i en stor skål og mos dem med en kartoffelmoser eller gaffel, indtil de er glatte og fri for klumper.
g) Krydr de mosede plantains med salt efter smag og bland godt.
h) Del de mosede plantains i lige store portioner og form dem til runde kugler eller bøffer.
i) Opvarm en stegepande eller stegepande over medium varme og tilsæt nok vegetabilsk olie til at dække bunden.
j) Læg plantainkuglerne eller bøfferne på den varme pande og flad dem lidt med en spatel. Steg dem til de bliver gyldenbrune og sprøde på begge sider. Dette tager normalt omkring 5 minutter pr. side.
k) Fjern de stegte tacachos fra panden og dræn dem på køkkenrulle for at fjerne overskydende olie.
l) Server tacachos med den sprøde cecina på toppen. Du kan også servere den med en side af salsa criolla (en traditionel peruviansk løg- og limesalsa) eller aji (krydret peruansk sauce).

43. Adobo/marineret svinegryde

INGREDIENSER:
- 2 lbs svinekød skulder eller kylling stykker
- 4 fed hvidløg, hakket
- 2 spsk. vegetabilsk olie
- 1/4 kop hvid eddike
- 2 spsk. soya sovs
- 2 spsk. aji panca pasta (peruviansk rød peberpasta)
- 1 tsk. stødt spidskommen
- 1 tsk. tørret oregano
- 1/2 tsk. kværnet sort peber
- 1/2 tsk. salt eller efter smag

INSTRUKTIONER:
a) I en skål kombineres hakket hvidløg, vegetabilsk olie, hvid eddike, sojasauce, aji panca pasta, spidskommen, tørret oregano, sort peber og salt.
b) Bland godt for at danne en marinade.
c) Læg svinekødet eller kyllingestykkerne i et lavt fad eller en Ziploc-pose. Hæld marinaden over kødet, og sørg for, at det er godt dækket.
d) Dæk fadet til eller forsegl posen og stil det på køl i mindst 2 timer, eller gerne natten over, så smagen kan trænge ind i kødet.
e) Forvarm din grill eller ovn til medium-høj varme.
f) Hvis du bruger en grill, skal du fjerne kødet fra marinaden og grille ved medium-høj varme, indtil det er gennemstegt og pænt forkullet på ydersiden.
g) Hvis du bruger en ovn, skal du placere det marinerede kød på en bageplade og stege ved 400°F (200°C) i cirka 25-30 minutter, eller indtil kødet er gennemstegt og brunet.
h) Når det er tilberedt, tages kødet af varmen og lad det hvile et par minutter, før det skæres i skiver eller serveres.

44. Causa de Pollo (peruviansk kylling og kartoffelgryde)

INGREDIENSER:
TIL SAGEN:
- 4 store gule kartofler
- 1/4 kop limesaft
- 2 spiseskefulde vegetabilsk olie
- 1 tsk aji amarillo pasta (peruviansk gul chilipasta)
- 1 kop kogt kylling, strimlet
- 1 avocado, skåret i skiver
- 2 hårdkogte æg, skåret i skiver
- Salt og peber efter smag

TIL AJI AMARILLO-SAUCE:
- 2 aji amarillo peberfrugter, frøet og fjernet
- 2 spiseskefulde vegetabilsk olie
- 1/4 kop queso fresco (peruviansk friskost)
- 1/4 kop inddampet mælk
- Salt og peber efter smag

INSTRUKTIONER:
For Causa:
a) Kog kartoflerne til de er bløde og nemt kan moses.
b) Skræl og mos kartoflerne, mens de stadig er lune.
c) Tilsæt limesaft, vegetabilsk olie, aji amarillo-pasta, salt og peber. Bland godt til en glat kartoffeldej.
d) Del kartoffeldejen i små portioner.
e) Flad en del af dejen ud og læg et lag strimlet kylling på.
f) Top med endnu et lag kartoffeldej.
g) Pynt med avocadoskiver og hårdkogte æggeskiver.
h) Serveres afkølet.

Til Aji Amarillo Sauce:
i) Kombiner aji amarillo peberfrugter, vegetabilsk olie, queso fresco, inddampet mælk, salt og peber i en blender. Blend indtil du har en cremet sauce.
j) Server Causa de Pollo med et skvæt af Aji Amarillo-sauce.

45.Cordero a la Nortena (lam i nordlig stil)

INGREDIENSER:
- 2 lbs lammeskulder eller -lår, skåret i stykker
- 1/4 kop vegetabilsk olie
- 1 rødløg, finthakket
- 2 fed hvidløg, hakket
- 2 spsk aji amarillo pasta (peruviansk gul chilipasta)
- 1 kop chicha de jora (peruviansk gæret majsøl)
- 2 kopper frosne eller friske ærter
- 2 kopper hvide ris
- 2 kopper vand
- Salt og peber efter smag

INSTRUKTIONER:
a) Varm vegetabilsk olie op i en stor gryde og brun lammestykkerne.
b) Tilsæt finthakket løg, hakket hvidløg og aji amarillo-pasta. Kog indtil løget er blødt.
c) Hæld chicha de jora i og lad det simre indtil lammet er mørt og saucen tykner.
d) I en separat gryde koges de hvide ris med vand, salt og peber.
e) Server lammet over kogte ris, pyntet med ærter.

46. Anticuchos / Grillet oksehjerte Spyd

INGREDIENSER:
- 1,5 pund oksehjerte eller mørbradbøf, skåret i mundrette stykker
- 1/4 kop rødvinseddike
- 3 spsk. vegetabilsk olie
- 2 fed hvidløg, hakket
- 1 spsk. stødt spidskommen
- 1 spsk. paprika
- 1 tsk. tørret oregano
- 1 tsk. chili pulver
- Salt, efter smag
- Friskkværnet sort peber efter smag
- Træspyd, udblødt i vand i mindst 30 minutter
- Salsa de Aji (peruviansk chilisauce), til servering

INSTRUKTIONER:
a) I en stor skål kombineres rødvinseddike, vegetabilsk olie, hakket hvidløg, stødt spidskommen, paprika, tørret oregano, chilipulver, salt og sort peber.
b) Bland godt for at skabe marinaden.
c) Tilsæt oksehjertet eller mørbradstykkerne til marinaden og vend rundt for at dække kødet grundigt.
d) Dæk skålen til, og lad den marinere i køleskabet i mindst 2 timer, eller gerne natten over, så smagen kan udvikle sig.
e) Forvarm din grill eller slagtekylling til medium-høj varme.
f) Træk de marinerede oksekødsstykker på de udblødte træspyd, og efterlad et lille mellemrum mellem hvert stykke.
g) Grill eller steg anticuchos i cirka 3-4 minutter på hver side, eller indtil kødet er stegt til det ønskede niveau.
h) Drej spyddene af og til for en jævn tilberedning.
i) Fjern de kogte anticuchos fra grillen eller slagtekyllingen og lad dem hvile et par minutter før servering.
j) Server anticuchos varme, ledsaget af Salsa de Aji, en traditionel peruviansk chilisauce, til dypning.

FJERKRÆ

47. Estofado de Pollo/Kyllinggryderet

INGREDIENSER:
- 2 pund kyllingestykker (ben, lår eller en hel kylling skåret i stykker)
- 2 spsk. vegetabilsk olie
- 1 løg, finthakket
- 2 fed hvidløg, hakket
- 1 rød peberfrugt, skåret i skiver
- 1 gul peberfrugt, skåret i skiver
- 2 tomater, i tern
- 2 spsk. tomatpuré
- 1 kop hønsebouillon
- 1 kop frosne grønne ærter
- 1 tsk. stødt spidskommen
- 1 tsk. paprika
- 1 tsk. tørret oregano
- Salt og peber efter smag
- Frisk koriander eller persille, hakket (til pynt)

INSTRUKTIONER:
a) Krydr kyllingestykkerne med salt og peber.
b) I en stor gryde eller hollandsk ovn opvarmes den vegetabilske olie over medium varme.
c) Tilsæt kyllingestykkerne og brun dem på alle sider. Tag kyllingen ud af gryden og stil den til side.
d) Tilsæt det hakkede løg, hakket hvidløg og peberfrugt i den samme gryde. Sauter indtil grøntsagerne er bløde.
e) Kom de hakkede tomater og tomatpure i gryden, og kog i et par minutter, indtil tomaterne bryder sammen og frigiver deres saft.
f) Kom kyllingestykkerne tilbage i gryden sammen med ophobet saft. Rør for at beklæde kyllingen med grøntsags- og tomatblandingen.
g) Hæld hønsebouillonen i og tilsæt malet spidskommen, paprika, tørret oregano, salt og peber. Rør for at kombinere.
h) Bring gryderet i kog, reducer derefter varmen til lav og dæk gryden. Lad det simre i cirka 30-40 minutter, eller indtil kyllingen er gennemstegt og mør.
i) Tilsæt de frosne grønne ærter til gryden og kog i yderligere 5 minutter.
j) Smag til og juster krydderiet efter behov.
k) Tag gryden af varmen og lad den stå i et par minutter.
l) Server Estofado de Pollo/kyllinggryden varm, pyntet med frisk koriander eller persille.
m) Ledsager gryderet med ris eller kartofler, og nyd den smagfulde og trøstende Estofado de Pollo/Chicken Stew.

48.Arroz med Pato/Anderis

INGREDIENSER:

- 1 hel and, skåret i serveringsstykker
- 2 kopper langkornet ris
- 4 kopper hønsebouillon
- 1 kop øl (gerne en lys pilsner)
- 1 bundt frisk koriander, stilke fjernet
- 1 løg, hakket
- 4 fed hvidløg, hakket
- 2 spsk. af vegetabilsk olie
- 1 tsk. af stødt kommen
- 1 tsk. af paprika
- 1 spsk. af aji amarillo pasta (peruviansk gul chilipasta) (valgfrit)
- Salt og peber efter smag
- Rødløg i skiver og limebåde til pynt

INSTRUKTIONER:

a) I en stor gryde opvarmes den vegetabilske olie over medium varme.

b) Tilsæt hakket løg og hakket hvidløg, og svits indtil løget bliver gennemsigtigt.

c) Tilsæt andestykkerne i gryden og kog indtil de er brune på alle sider.

d) Tilsæt malet spidskommen, paprika og aji amarillo-pasta (hvis du bruger det), og rør rundt for at beklæde anden med krydderierne.

e) Hæld øllet i og kog i et par minutter, så alkoholen kan fordampe.

f) Tilsæt hønsebouillonen i gryden og bring det i kog. Reducer varmen til lav, dæk gryden til, og lad anden simre i cirka 1 til 1,5 time, eller indtil den er mør. Skum overskydende fedt eller urenheder af, der kommer op til overfladen under tilberedningen.

g) Mens anden koger, blendes koriander med en lille smule vand i en blender eller foodprocessor, indtil du har en jævn puré.

h) Når anden er mør, tages den ud af gryden og stilles til side. Gem kogevæsken.

i) I en separat gryde opvarmes 2 spsk. vegetabilsk olie ved middel varme.

j) Tilsæt risene og rør rundt for at dække dem med olien.

k) Hæld den reserverede kogevæske fra anden i sammen med nok vand til at lave i alt 4 kopper væske (juster efter behov).

l) Smag til med salt og peber efter smag.

m) Rør korianderpuréen i og bring væsken i kog. Reducer varmen til lav, dæk gryden til, og lad risene simre i cirka 20-25 minutter eller indtil de er kogte og væsken er absorberet.

n) Mens risene koger, riv det kogte andekød med to gafler eller dine hænder, og kasser knoglerne og overskydende fedt.

o) Når risen er kogt, fluffes den med en gaffel og forsigtigt blandes det strimlede andekød i.

p) Juster krydderiet, hvis det er nødvendigt, og lad smagene smelte sammen i et par minutter.

q) Server Arroz con Pato/Anderis varm, pyntet med snittet rødløg og limebåde ved siden af.

49.Pollo a la Brasa/Rotisserie Kylling

INGREDIENSER:
- 1 hel kylling, cirka 3-4 pund
- 4 fed hvidløg, hakket
- 2 spsk. vegetabilsk olie
- 2 spsk. soya sovs
- 2 spsk. Hvid eddike
- 1 spsk. paprika
- 1 spsk. spidskommen
- 1 spsk. tørret oregano
- 1 tsk. sort peber
- 1 tsk. salt
- Saft af 1 lime
- Kul- eller gasgrill

INSTRUKTIONER:

a) I en skål kombineres hakket hvidløg, vegetabilsk olie, sojasovs, hvid eddike, paprika, spidskommen, tørret oregano, sort peber, salt og limesaft.

b) Bland godt for at skabe marinaden.

c) Læg hele kyllingen i en stor ziplock-pose eller en beholder med låg. Hæld marinaden over kyllingen, og sørg for, at den er godt dækket.

d) Luk posen eller dæk beholderen, og stil den på køl i mindst 4 timer, eller helst natten over, så smagen kan trænge ind i kyllingen.

e) Forvarm din grill til medium-høj varme. Hvis du bruger trækul, skal du vente, indtil kullene er hvide og glødende.

f) Tag den marinerede kylling ud af køleskabet og lad den stå ved stuetemperatur i cirka 30 minutter, før den grilles.

g) Læg kyllingen på grillen med brystsiden nedad.

h) Kog i cirka 20-25 minutter, vend derefter kyllingen og steg i yderligere 20-25 minutter. Fortsæt med at grille, vend af og til, indtil kyllingen når en indre temperatur på 165°F (75°C), og skindet er gyldenbrunt og sprødt.

i) Når den er tilberedt, fjerner du kyllingen fra grillen og lad den hvile et par minutter, inden den skæres ud.

j) Skær Pollo a la Brasa/Rotisserie kyllingen i portionsstykker, såsom ben, vinger og brystsektioner.

k) Server Pollo a la Brasa/Rotisserie Chicken varm med dit valg af sider, såsom pommes frites, salat eller ris.

50. Aji de Gallina / Kylling i Aji Pebersauce

INGREDIENSER:
- 2 pund udbenet kyllingebryst eller lår
- 4 kopper hønsebouillon
- 2 spsk. vegetabilsk olie
- 1 mellemstor løg, hakket
- 3 fed hvidløg, hakket
- 2 gule ají peberfrugter (eller erstat med jalapeño peberfrugter), frøet og finthakket
- 2 tsk. stødt spidskommen
- 1 tsk. gurkemeje pulver
- 1 kop inddampet mælk
- 1 kop revet parmesanost
- 1 kop hakkede valnødder
- 1/2 kop sorte oliven, skåret i skiver
- Salt, efter smag
- Friskkværnet sort peber efter smag
- Kogte hvide ris, til servering
- Hårdkogte æg, skåret i skiver, til pynt
- Frisk persille eller koriander, hakket, til pynt

INSTRUKTIONER:
a) I en stor gryde bringes kyllingebryst eller lår og hønsebouillon i kog.
b) Reducer varmen til lav, læg låg på og lad det simre i cirka 20 minutter, eller indtil kyllingen er gennemstegt.
c) Fjern kyllingen fra gryden, behold bouillonen.
d) Lad kyllingen køle lidt af, og riv den derefter i mundrette stykker. Sæt til side.
e) I en stor stegepande opvarmes den vegetabilske olie over medium varme.
f) Tilsæt hakket løg og hakket hvidløg, og svits indtil løget bliver gennemsigtigt og velduftende.
g) Tilsæt de hakkede ají-peberfrugter, stødt spidskommen og gurkemejepulver til gryden.
h) Kog i et par minutter, under omrøring af og til, så smagene kan smelte sammen.
i) Hæld den reserverede hønsebouillon, inddampet mælk, revet parmesanost og hakkede valnødder i.
j) Rør godt for at kombinere alle ingredienserne.
k) Bring blandingen i kog og kog i cirka 10 minutter, eller indtil saucen tykner lidt.
l) Tilsæt den strimlede kylling og skivede sorte oliven til stegepanden.
m) Rør for at dække kyllingen jævnt med saucen.
n) Kog i yderligere 5 minutter, så smagene blandes.
o) Smag til med salt og friskkværnet sort peber efter smag.
p) Server Aji de Gallina varm over kogte hvide ris. Pynt med hårdkogte æg i skiver og friskhakket persille eller koriander.

51. Causa de Pollo/Chicken Causa

INGREDIENSER:
KARTOFELLAG
- 2 pund gule kartofler, skrællet og kogt til de er møre
- 1/4 kop vegetabilsk olie
- 2-3 spsk. af limesaft
- 1-2 tsk. af gul chilipasta (aji amarillo pasta)
- Salt efter smag

KYLLINGESALAT FYLD
- 2 kopper kogt kyllingebryst, strimlet
- 1/2 kop mayonnaise
- 1 spsk. af limesaft
- 1 spsk. af gul chilipasta (aji amarillo pasta)
- 1/2 kop finthakket rødløg
- 1/4 kop finthakket koriander
- Salt og peber efter smag

MONTERING OG PYNT
- Avocado skiver
- Hårdkogte æg, skåret i skiver
- Sorte oliven
- Salatblade
- Yderligere gul chilipasta til dekoration

INSTRUKTIONER:

a) Mos de kogte gule kartofler i en stor skål med en kartoffelmoser eller gaffel, indtil de er glatte og fri for klumper.

b) Tilsæt vegetabilsk olie, limesaft, gul chilipasta og salt til kartoffelmosen.

c) Bland godt, indtil alle ingredienser er inkorporeret, og kartoflerne har en glat, cremet konsistens. Smag til og juster krydderiet efter behov.

d) I en anden skål kombineres det strimlede kyllingebryst, mayonnaise, limesaft, gul chilipasta, rødløg, koriander, salt og peber.

e) Bland godt for at dække kyllingen jævnt med dressingen.

f) Beklæd et rektangulært eller firkantet fad med plastfolie, efterlad tilstrækkeligt udhæng på siderne til nem fjernelse.

g) Fordel et lag af kartoffelmosen jævnt på bunden af fadet, cirka 1/2 tomme tykt.

h) Læg et lag af kyllingesalatblandingen oven på kartoffellaget, og fordel det jævnt over.

i) Gentag processen, skiftevis lag kartoffelmos og kyllingesalat, indtil alle ingredienserne er brugt, afslut med et lag kartoffelmos på toppen.

j) Dæk fadet med den overhængende plastfolie og stil den på køl i mindst 2 timer, så smagene kan smelte sammen og kausaen sætte sig.

k) Når den er afkølet og stivnet, fjern plastfolien og vend forsigtigt causaen på et serveringsfad.

l) Pynt toppen af causaen med avocadoskiver, hårdkogte æggeskiver, sorte oliven og salatblade.

m) Dryp dekorativt gul chilipasta over toppen for ekstra farve og smag.

n) Skær causaen i individuelle portioner og server afkølet.

52. Arroz Chaufa/Peruviansk Fried Rice

INGREDIENSER:
- 3 kopper kogte hvide ris, gerne daggamle og afkølede
- 1 kop kogt kylling eller svinekød i tern
- 1 kop kogte rejer, pillede og deveirede
- 1/2 kop frosne ærter og gulerødder, optøet
- 1/2 kop hakket løg
- 2 fed hvidløg, hakket
- 2 spsk. soya sovs
- 1 spsk. Østers sovs
- 1 spsk. sesamolie
- 2 spsk. vegetabilsk olie
- 2 æg, let pisket
- Salt og peber efter smag
- Grønne løg i skiver, til pynt

INSTRUKTIONER:
a) Opvarm vegetabilsk olie i en stor stegepande eller wok over medium-høj varme.
b) Tilsæt hakket løg og hakket hvidløg på panden og steg i et par minutter, indtil de bliver duftende og let bløde.
c) Skub løg og hvidløg til den ene side af gryden og hæld de sammenpiskede æg i den anden side. Rør æggene sammen til de er gennemstegte, og bland dem derefter sammen med løg og hvidløg.
d) Tilsæt kylling eller svinekød i tern, kogte rejer, optøede ærter og gulerødder til gryden. Steg i et par minutter, indtil ingredienserne er gennemvarme.
e) Tilsæt de afkølede kogte ris til gryden og bryd eventuelle klumper op med en spatel. Steg risene med de øvrige ingredienser, og fordel dem jævnt i risen.
f) Dryp soyasauce, østerssauce og sesamolie over risene. Rør godt sammen og dæk risene jævnt med saucerne.
g) Smag Arroz Chaufa/Peruvian Fried Rice til med salt og peber efter smag. Juster mængden af krydderier og sauce efter dine præferencer.
h) Fortsæt med at røre risene i et par minutter mere, indtil de er godt opvarmede og smagene er smeltet sammen.
i) Fjern Arroz Chaufa/Peruvian Fried Rice fra varmen og pynt med snittede grønne løg.
j) Server Arroz Chaufa/Peruvian Fried Rice varm som hovedret eller som tilbehør med ekstra sojasauce eller chilisauce ved siden af, hvis det ønskes.

53. Arroz con Pollo (peruviansk kylling og ris)

INGREDIENSER:
- 2 kopper langkornet ris
- 4 kyllingelårkvarterer, skin-on og udbenet
- 2 spiseskefulde vegetabilsk olie
- 1/2 kop rød peberfrugt i tern
- 1/2 kop grøn peberfrugt i tern
- 1/2 kop rødløg i tern
- 2 fed hvidløg, hakket
- 2 spsk aji amarillo pasta (peruviansk gul chilipasta)
- 2 kopper hønsebouillon
- 1/2 kop frosne ærter
- 1/2 kop gulerødder i tern
- 1/2 kop grønne bønner i tern
- 1/4 kop frisk koriander, hakket
- Salt og peber efter smag

INSTRUKTIONER:
a) Varm vegetabilsk olie op i en stor gryde og brun kyllingelårene på alle sider. Fjern og sæt til side.
b) Sauter rød og grøn peberfrugt i tern, rødløg i tern og hakket hvidløg i samme gryde, indtil de er bløde.
c) Rør aji amarillo-pastaen i og kog i et par minutter.
d) Kom kyllingen tilbage i gryden, tilsæt risene og hæld hønsebouillonen i. Smag til med salt og peber.
e) Tilsæt frosne ærter, gulerødder i tern og grønne bønner i tern. Bland godt.
f) Læg låg på og lad det simre, indtil kyllingen er kogt, og risene er møre.
g) Pynt med frisk koriander inden servering.

54. Papa a la Huancaína con Pollo

INGREDIENSER:

TIL HUANCAÍNA-SAUCE:
- 2 aji amarillo peberfrugter, frøet og fjernet
- 2 fed hvidløg, hakket
- 1 kop queso fresco (peruviansk friskost)
- 1/2 kop inddampet mælk
- 4 sodavandskiks
- 2 spiseskefulde vegetabilsk olie
- Salt og peber efter smag

TIL HØNEN:
- 4 udbenede, skindfri kyllingebryst
- 1/4 kop vegetabilsk olie
- Salt og peber efter smag

TIL KARTOFLERNE:
- 4 store gule kartofler, kogt og skåret i skiver
- Salatblade til servering
- Sorte oliven til pynt
- Hårdkogte æg, skåret i skiver

INSTRUKTIONER:

a) Kombiner aji amarillo peberfrugt, hakket hvidløg, queso fresco, inddampet mælk, sodavand, vegetabilsk olie, salt og peber i en blender. Blend indtil du har en cremet Huancaína-sauce.

b) Krydr kyllingebrystene med salt og peber, og grill eller steg dem på panden, indtil de er gennemstegte.

c) Server kyllingen over salatblade, top med kogte kartoffelskiver, og dryp Huancaína-sauce over kyllingen og kartoflerne.

d) Pynt med hårdkogte æggeskiver og sorte oliven.

55. Aguadito de Pollo (peruviansk kylling og rissuppe)

INGREDIENSER:

- 4 udbenede, skindpå kyllingelår
- 1 kop langkornet ris
- 8 kopper hønsebouillon
- 1/2 kop grønne ærter
- 1/2 kop majskerner (friske eller frosne)
- 1/2 kop hakket koriander
- 1/2 kop rødløg i tern
- 2 fed hvidløg, hakket
- 1 aji amarillo peber, frøet og finthakket (valgfrit til varme)
- 2 spiseskefulde vegetabilsk olie
- Salt og peber efter smag
- Limebåde til servering

INSTRUKTIONER:

a) I en stor gryde opvarmes vegetabilsk olie over medium-høj varme.
b) Tilsæt kyllingelår og brun dem på begge sider.
c) Tilsæt rødløg i tern, hakket hvidløg og aji amarillo (hvis du bruger det) og kog indtil løget er blødt.
d) Rør ris i og kog i et par minutter.
e) Hæld hønsebouillon i og bring det i kog.
f) Skru ned for varmen, og tilsæt grønne ærter, majs og hakket koriander.
g) Lad det simre til risene er kogte, og suppen er tyknet lidt.
h) Server med limebåde til at presse over suppen.

56.Kylling og kartofler Pachamanca

INGREDIENSER:
- 4 udbenede, skin-on kyllingestykker
- 4 store gule kartofler, skrællet og halveret
- 2 kopper lima bønner, afskallede
- 4 aks, afskallede og skåret i tern
- 1/2 kop aji panca pasta (peruviansk rød chilipasta)
- 1/2 kop chicha de jora (peruviansk gæret majsøl)
- 1/4 kop vegetabilsk olie
- 2 spsk knust hvidløg
- 2 spsk stødt spidskommen
- 2 spsk tørret oregano
- Bananblade
- Salt og peber efter smag

INSTRUKTIONER:
a) I en stor røreskål kombineres aji panca-pasta, chicha de jora, vegetabilsk olie, knust hvidløg, stødt spidskommen, tørret oregano, salt og peber for at lave en marinade.
b) Gnid kyllingestykkerne og kartoflerne med marinaden og lad dem trække i cirka 1 time.
c) Læg bananblade i bunden af en underjordisk ovn eller en stor bageplade.
d) Læg den marinerede kylling, kartofler, limabønner og majsrunder på bananbladene.
e) Dæk med flere bananblade.
f) Bag i den underjordiske ovn eller almindelig ovn ved lav temperatur (omkring 300°F eller 150°C) i flere timer, indtil alt er gennemstegt og mørt.
g) Serveres varm.

57.Aji de Pollo (kylling i krydret Aji-sauce)

INGREDIENSER:

- 4 udbenede, skindfri kyllingebryst, skåret i strimler
- 1/2 kop aji amarillo sauce (peruviansk gul chilisauce)
- 2 spiseskefulde vegetabilsk olie
- 1 rødløg, skåret i tynde skiver
- 2 fed hvidløg, hakket
- 2 kopper hønsebouillon
- 2 spsk jordnødder, ristede og malede
- 1/2 kop queso fresco (peruviansk friskost), smuldret
- 4 kopper kogte hvide ris
- Salt og peber efter smag

INSTRUKTIONER:

a) I en stor stegepande opvarmes vegetabilsk olie over medium varme.
b) Tilsæt hakket rødløg og hakket hvidløg. Sauter indtil løget er blødt.
c) Tilsæt kyllingestrimlerne og steg til de er brune.
d) Rør aji amarillo sauce og hønsebouillon i. Svits indtil kyllingen er kogt og saucen tykner.
e) Smag til med salt og peber efter smag.
f) Server Aji de Pollo over kogte hvide ris, garneret med jordnødder og smuldret queso fresco.

58. Quinotto con Pollo (kylling og quinoa Risotto)

INGREDIENSER:
- 2 udbenede, skindfri kyllingebryst, skåret i tern
- 1 kop quinoa
- 2 kopper hønsebouillon
- 1/2 kop hvidvin
- 1/2 kop revet parmesanost
- 1/4 kop hakket frisk koriander
- 1/4 kop rød peberfrugt i tern
- 1/4 kop grønne ærter i tern
- 2 spiseskefulde vegetabilsk olie
- Salt og peber efter smag

INSTRUKTIONER:
a) Opvarm vegetabilsk olie i en stor gryde og kog kyllingeterningerne, indtil de er brune og gennemstegte. Tag af panden og stil til side.
b) Tilsæt quinoa i samme gryde og rist den i et par minutter.
c) Hæld hvidvin i og lad det simre til det meste er absorberet.
d) Tilsæt gradvist kyllingebouillon under omrøring, indtil quinoaen er kogt og cremet.
e) Rør revet parmesanost, hakket koriander, rød peberfrugt i tern og grønne ærter i tern.
f) Smag til med salt og peber.
g) Server Quinottoen med den kogte kylling på toppen.

MARSVIN

59.Picante de Cuy/Marsvinegryderet

INGREDIENSER:

- 2 marsvin, renset og skåret i serveringsstykker
- 1 kop aji panca pasta (peruviansk rød chilipasta)
- 1/2 kop vegetabilsk olie
- 2 løg, finthakket
- 4 fed hvidløg, hakket
- 2 spsk. af stødt kommen
- 2 spsk. af tørret oregano
- 2 kopper kylling eller grøntsagsbouillon
- 4 kartofler, skrællet og skåret i stykker
- 2 gulerødder, skrællet og skåret i skiver
- 1 kop grønne ærter (friske eller frosne)
- Salt og peber efter smag
- Frisk koriander til pynt
- Kogte hvide ris til servering

INSTRUKTIONER:
a) Mariner marsvinestykkerne i en stor skål med aji panca-pastaen, og sørg for, at de er jævnt belagte. Lad det marinere i mindst 30 minutter, eller gerne natten over i køleskabet.
b) I en stor gryde eller hollandsk ovn opvarmes den vegetabilske olie over medium varme.
c) Tilsæt de hakkede løg og hakket hvidløg i gryden, og svits indtil løgene bliver gennemsigtige og hvidløget dufter.
d) Rør malet spidskommen og tørret oregano i, og kog i et minut for at frigive deres smag.
e) Kom de marinerede marsvinestykker i gryden, og brun dem på alle sider i et par minutter.
f) Hæld kyllinge- eller grøntsagsbouillon i, og smag til med salt og peber.
g) Dæk gryden til, og lad marsvinet simre ved svag varme i cirka 1 til 1,5 time, eller indtil kødet er mørt og gennemstegt. Rør af og til og tilsæt mere bouillon, hvis det er nødvendigt.
h) I en separat gryde koges kartoflerne og gulerødderne i saltet vand, indtil de er møre. Dræn og sæt til side.
i) Når marsvinet er kogt, tilsættes de kogte kartofler, gulerødder og grønne ærter til gryden. Rør forsigtigt for at kombinere.
j) Fortsæt med at koge i yderligere 10 minutter, så smagene smelter sammen.
k) Tag gryden af varmen og lad den hvile et par minutter inden servering.
l) Server Picante de Cuy/Marsvinegryden varm, garneret med frisk koriander.
m) Sæt den sammen med kogte hvide ris.

60.Cuy Chactado (stegt marsvin)

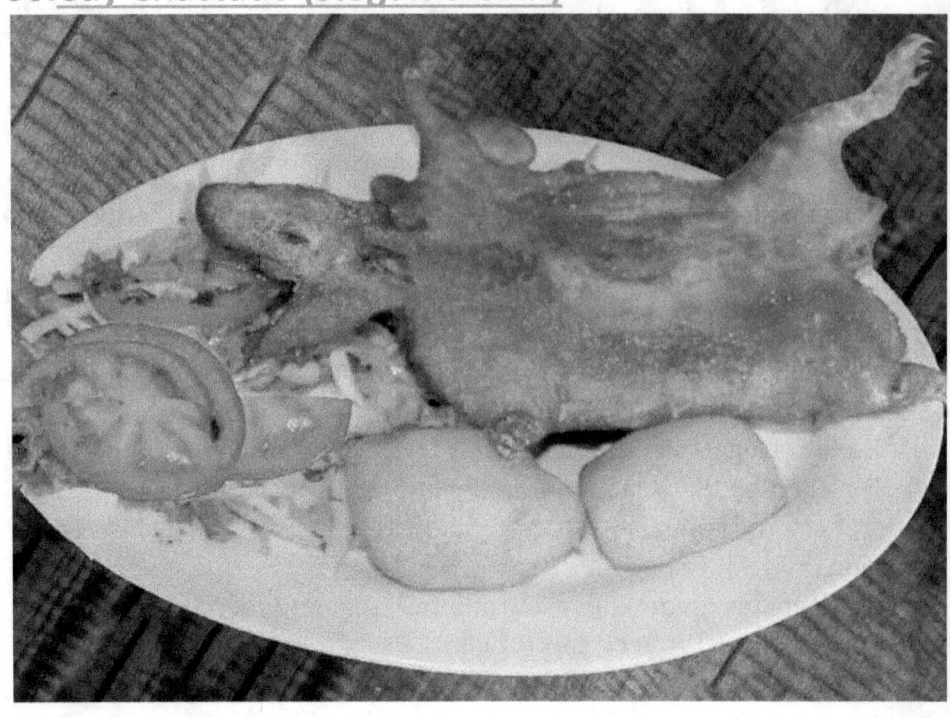

INGREDIENSER:

- 2 marsvin, klædt og skåret i stykker
- 1 kop aji amarillo sauce (peruviansk gul chilisauce)
- 1 kop vegetabilsk olie
- 1 kop majsstivelse
- 1 kop kogte gule kartofler, skåret i skiver
- Salatblade til servering
- Limebåde til pynt
- Salt og peber efter smag

INSTRUKTIONER:

a) Krydr marsvinestykkerne med salt og peber.
b) Dryp hvert stykke i aji amarillo-sauce og derefter i majsstivelse til belægning.
c) Varm vegetabilsk olie op i en stor pande og steg marsvinestykkerne til de er sprøde og gennemstegte.
d) Server Cuy Chactado med kogte kartoffelskiver, salatblade og limebåde.

61.Pachamanca de Cuy (underjordisk ovnbagt marsvin)

INGREDIENSER:

- 2 påklædte og rensede marsvin
- 4 store kartofler, skrællet og halveret
- 2 kopper lima bønner, afskallede
- 4 aks, afskallede og skåret i tern
- 1/2 kop aji panca pasta (peruviansk rød chilipasta)
- 1/2 kop chicha de jora (peruviansk gæret majsøl)
- 1/4 kop vegetabilsk olie
- 2 spsk knust hvidløg
- 2 spsk stødt spidskommen
- 2 spsk tørret oregano
- Bananblade
- Salt og peber efter smag

INSTRUKTIONER:

a) I en stor røreskål kombineres aji panca-pasta, chicha de jora, vegetabilsk olie, knust hvidløg, stødt spidskommen, tørret oregano, salt og peber for at lave en marinade.
b) Gnid marsvinene med marinaden og lad dem sidde i cirka 1 time.
c) Læg bananblade i bunden af en underjordisk ovn eller en stor bageplade.
d) Læg de marinerede marsvin, kartofler, limabønner og majsrunder på bananbladene.
e) Dæk med flere bananblade.
f) Bag i den underjordiske ovn eller almindelig ovn ved lav temperatur (omkring 300°F eller 150°C) i flere timer, indtil alt er gennemstegt og mørt.
g) Serveres varm.

62. Cuy al Horno (stegt marsvin)

INGREDIENSER:
- 2 påklædte og rensede marsvin
- 2 spsk aji panca pasta (peruviansk rød chilipasta)
- 1/4 kop vegetabilsk olie
- 2 fed hvidløg, hakket
- 1/4 kop hvidvin
- 2 tsk stødt spidskommen
- 2 tsk tørret oregano
- Salt og peber efter smag

INSTRUKTIONER:
a) I en skål kombineres aji panca-pasta, vegetabilsk olie, hakket hvidløg, hvidvin, stødt spidskommen, tørret oregano, salt og peber for at skabe en marinade.
b) Gnid marsvinene med marinaden, og sørg for, at de er godt belagt. Lad dem marinere i mindst 2 timer.
c) Forvarm ovnen til 350°F (175°C).
d) Læg de marinerede marsvin i en bradepande og steg i den forvarmede ovn i cirka 1 til 1,5 time, eller indtil de er gennemstegte og har en sprød hud.
e) Server Cuy al Horno med dit valg af peruvianske tilbehør.

63.Cuy con Papa a la Huancaina

INGREDIENSER:
TIL MARSvinet:
- 2 påklædte og rensede marsvin
- 1/4 kop aji panca pasta (peruviansk rød chilipasta)
- 2 spiseskefulde vegetabilsk olie
- 2 fed hvidløg, hakket
- 1/4 kop hvidvin
- 2 tsk stødt spidskommen
- 2 tsk tørret oregano
- Salt og peber efter smag

TIL HUANCAINA-KARTOFLERNE:
- 4 gule kartofler, kogte og skåret i skiver
- 1 kop queso fresco (peruviansk friskost)
- 1/2 kop aji amarillo sauce (peruviansk gul chilisauce)
- 1/4 kop inddampet mælk
- 2 spiseskefulde vegetabilsk olie
- Salt og peber efter smag

INSTRUKTIONER:

a) I en skål kombineres aji panca-pasta, vegetabilsk olie, hakket hvidløg, hvidvin, stødt spidskommen, tørret oregano, salt og peber for at skabe en marinade til marsvinene.

b) Gnid marsvinene med marinaden, og sørg for, at de er godt belagt. Lad dem marinere i mindst 2 timer.

c) Forvarm ovnen til 350°F (175°C).

d) Læg de marinerede marsvin i en bradepande og steg i den forvarmede ovn i cirka 1 til 1,5 time, eller indtil de er gennemstegte og har en sprød hud.

e) Til Huancaina-kartoflerne blandes queso fresco, aji amarillo-sauce, inddampet mælk, vegetabilsk olie, salt og peber, indtil du har en cremet sauce.

f) Server de ristede marsvin med kogte kartoffelskiver overhældt med Huancaina sauce.

64.Cuy Saltado (omrørt marsvin)

INGREDIENSER:
- 2 klædte og rensede marsvin, skåret i stykker
- 2 spiseskefulde vegetabilsk olie
- 1 rødløg, skåret i tynde skiver
- 1 rød peberfrugt, skåret i skiver
- 2 tomater, skåret i skiver
- 2 fed hvidløg, hakket
- 1/4 kop aji amarillo pasta (peruviansk gul chilipasta)
- 2 spsk sojasovs
- 2 spsk rødvinseddike
- Salt og peber efter smag

INSTRUKTIONER:
a) Opvarm vegetabilsk olie i en stor stegepande eller wok ved høj varme.
b) Tilsæt marsvinestykkerne og steg til de er brunede og gennemstegte. Tag af panden og stil til side.
c) Tilsæt rødløg i skiver, rød peberfrugt og hakket hvidløg i samme gryde. Steg til grøntsagerne er møre.
d) Kom marsvinestykkerne tilbage i gryden, og tilsæt tomater i skiver, aji amarillo-pasta, sojasauce og rødvinseddike. Kog i et par minutter.
e) Smag til med salt og peber efter smag.
f) Server Cuy Saltado med dampede hvide ris.

65.Cuy en Salsa de Mani (marsvin i jordnøddesauce)

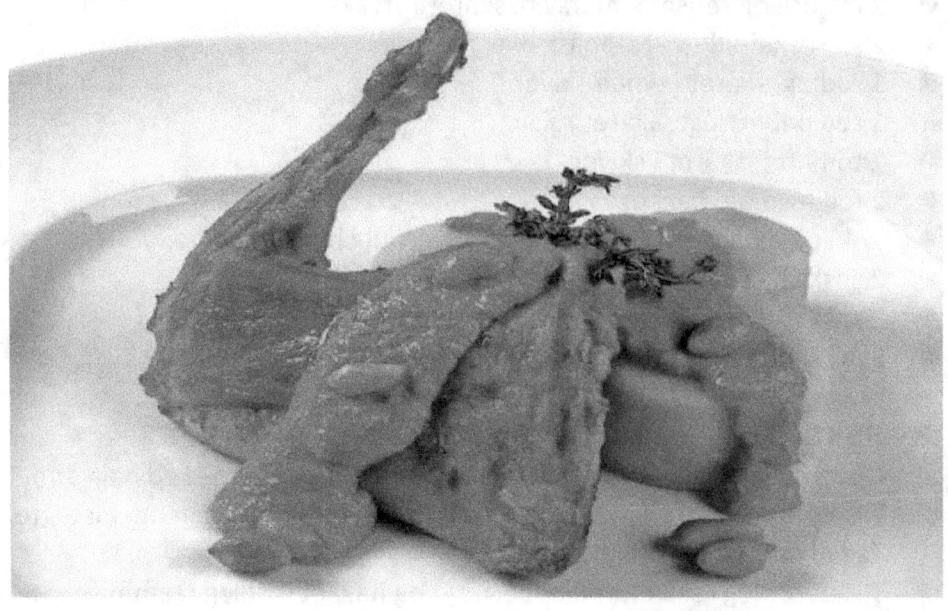

INGREDIENSER:

- 2 klædte og rensede marsvin, skåret i stykker
- 1/2 kop aji panca pasta (peruviansk rød chilipasta)
- 1/2 kop vegetabilsk olie
- 2 løg, finthakket
- 4 fed hvidløg, hakket
- 1 kop ristede jordnødder, stødt
- 2 kopper hønsebouillon
- 1/4 kop inddampet mælk
- Salt og peber efter smag

INSTRUKTIONER:

a) Kombiner aji panca-pasta, vegetabilsk olie, finthakkede løg, hakket hvidløg og stødte ristede jordnødder i en skål for at skabe en marinade til marsvinene.
b) Gnid marsvinestykkerne med marinaden, og sørg for, at de er godt belagt. Lad dem marinere i mindst 2 timer.
c) Varm en stor gryde op over medium varme. Tilsæt de marinerede marsvinestykker og kog til de er brune på alle sider.
d) Hæld hønsebouillon og inddampet mælk i. Lad det simre, indtil marsvinene er gennemstegte, og saucen tykner.
e) Smag til med salt og peber efter smag.
f) Server Cuy en Salsa de Mani med dampede hvide ris.

FISK OG SKÅDÅR

66. Trucha a la Plancha/Grillet ørred

INGREDIENSER:
- 4 ørredfileter, skin-on
- 2 spsk. af vegetabilsk olie
- Saft af 1 citron
- Salt og peber efter smag
- Friske krydderurter (såsom persille eller koriander), hakkede (valgfrit)
- Citronbåde til servering

INSTRUKTIONER:
a) Forvarm en grill eller opvarm en stor stegepande over medium-høj varme.
b) Skyl ørredfileterne under koldt vand og dup dem tørre med køkkenrulle.
c) Pensl begge sider af ørredfileterne med vegetabilsk olie, og sørg for, at de er jævnt belagte.
d) Krydr fileterne med salt, peber og et skvæt citronsaft på begge sider.
e) Læg ørredfileterne med skindsiden nedad på grillen eller stegepanden.
f) Steg i cirka 3-4 minutter på hver side, eller indtil fisken er uigennemsigtig og let flager med en gaffel. Skindet skal være sprødt og gyldenbrunt.
g) Tag ørredfileterne af varmen og kom dem over på et serveringsfad.
h) Drys de friske krydderurter (hvis du bruger dem) over fileterne for ekstra smag og pynt.
i) Server Trucha a la Plancha/Grillet ørred varm, ledsaget af citronbåde til at presse over fisken.
j) Du kan servere den med en side af dampede grøntsager, ris eller salat for at fuldende måltidet.

67. Parihuela/Seafood Suppe

INGREDIENSER:
- 1,1 pund blandet fisk og skaldyr (rejer, blæksprutte, muslinger, blæksprutte osv.)
- 1,1 pund hvide fiskefileter (såsom tunge, snapper eller torsk)
- 1 løg, finthakket
- 4 fed hvidløg, hakket
- 2 tomater, pillede og hakkede
- 2 spsk. af tomatpure
- 2 spsk. af vegetabilsk olie
- 1 spsk. af aji amarillo pasta (peruviansk gul chilipasta) (valgfrit)
- 4 kopper fiske- eller skaldyrsbouillon
- 1 kop hvidvin
- 1 kop vand
- 1 tsk. af stødt kommen
- 1 tsk. af tørret oregano
- 1/4 kop hakket koriander
- Salt og peber efter smag

INSTRUKTIONER:
a) Opvarm vegetabilsk olie i en stor gryde eller hollandsk ovn over medium varme.
b) Tilsæt hakket løg og hakket hvidløg i gryden og sauter, indtil de bliver gennemsigtige.
c) Rør de hakkede tomater og tomatpure i.
d) Kog i et par minutter, indtil tomaterne er bløde.
e) Hvis du bruger aji amarillo-pasta, tilsæt den til gryden og bland godt med de øvrige ingredienser.
f) Hæld hvidvinen i og lad det simre et par minutter for at reducere alkoholen.
g) Tilsæt fiske- eller skaldyrsbouillon og vand i gryden. Bring det i kog.
h) Skær fiskefileterne i mundrette stykker og kom dem i gryden.
i) Skru ned for varmen og lad suppen simre i cirka 10 minutter eller indtil fisken er gennemstegt.
j) Tilsæt den blandede fisk og skaldyr (rejer, blæksprutte, muslinger, blæksprutte osv.) i gryden og kog i yderligere 5 minutter, eller indtil fisk og skaldyr er kogt og mørt.
k) Smag Parihuela/Seafood Suppen til med stødt spidskommen, tørret oregano, salt og peber. Tilpas krydderierne efter din smag.
l) Drys den hakkede koriander over suppen og rør forsigtigt.
m) Tag gryden af varmen og lad den hvile et par minutter inden servering.
n) Server Parihuela/Seafood Suppen varm i suppeskåle, ledsaget af sprødt brød eller kogte ris.

68. Limemarineret rå fisk (Cebiche)

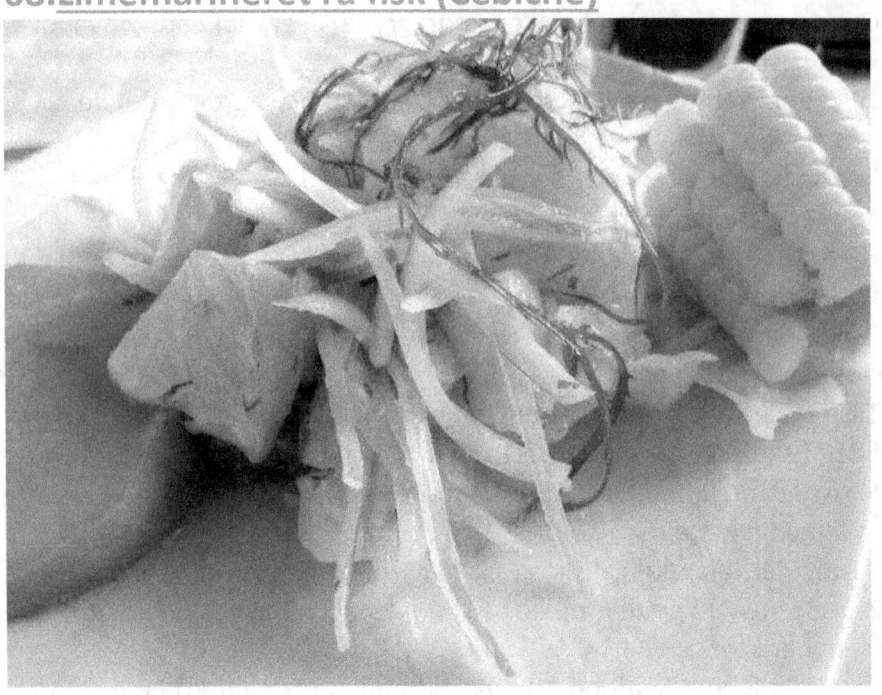

INGREDIENSER:
- 1 ½ lbs. havaborre, helleflynder, skrubber, snapper eller anden fast fisk
- 1 rødløg, skåret i fine skiver
- ½ aji amarillo chilipeber, hakket meget fint
- Salt
- 1 fed hvidløg, hakket meget fint Saft af 12 limefrugter
- 2 spsk. korianderblade, skåret i skiver
- 1 stor sød kartoffel, kogt, skrællet og skåret i tykke skiver
- 12 aks, skåret gennem ca. 12" tykke, kogte
- Salatblade

INSTRUKTIONER:
a) Bland fisk og løg og vask dem sammen. Dræn godt af.
b) Læg fisken i den serveringsskål, du ønsker at bruge. Krydr fisken med salt, chilipeber og hvidløg.
c) Tilsæt limesaft og et par isterninger eller et par spiseskefulde isvand.
d) Lad hvile i 5 minutter, men ikke længere end 45 minutter. Kassér isen.
e) Drys med korianderblade. Server straks med salat, majs og søde kartofler.

69. Causa Rellena de Atún (Tuna Fyldt Causa)

INGREDIENSER:
TIL SAGEN:
- 4 store gule kartofler
- 2 spiseskefulde vegetabilsk olie
- 1/4 kop limesaft
- 1 tsk aji amarillo pasta
- Salt og peber efter smag

TIL TUNFYLDET:
- 1 dåse tun, afdryppet
- 1/4 kop mayonnaise
- 1/4 kop finthakket rødløg
- 2 hårdkogte æg, hakket
- Sorte oliven til pynt
- Salatblade (valgfrit)

INSTRUKTIONER:
a) Kog kartoflerne til de er bløde og nemt kan moses.
b) Skræl og mos kartoflerne, mens de stadig er lune. Tilsæt limesaft, vegetabilsk olie, aji amarillo-pasta, salt og peber. Bland godt til en glat kartoffeldej.
c) Del kartoffeldejen i to lige store portioner.
d) Flad den ene portion ud i et serveringsfad, og skab et bundlag.
e) Bland den drænede tun, mayonnaise, hakket rødløg og hårdkogte æg i en separat skål.
f) Fordel tunblandingen over kartoffelbundlaget.
g) Dæk med den anden del af kartoffeldejen.
h) Pynt med sorte oliven.
i) Serveres afkølet, eventuelt på en bund af salatblade.

70.Chupe de Camarones/Rejesuppe

INGREDIENSER:
- 1 pund rejer, pillet og deveiret
- 1 spsk. olivenolie
- 1 løg, finthakket
- 3 fed hvidløg, hakket
- 1 tsk. stødt spidskommen
- 1 tsk. tørret oregano
- 2 spsk. ají amarillo pasta (eller erstat med gul chilipasta)
- 2 dl fiske- eller grøntsagsbouillon
- 1 kop inddampet mælk
- 1 kop frosne majskerner
- 1 kop kartofler i tern
- 1 kop gulerødder i tern
- 1 kop zucchini i tern
- 1/2 kop ærter
- 1/2 kop rød peberfrugt i tern
- 1/2 kop grøn peberfrugt i tern
- 1/4 kop hakket frisk koriander
- Salt og peber efter smag
- 2 æg, pisket
- Frisk ost, smuldret, til pynt
- Frisk koriander, hakket, til pynt

INSTRUKTIONER:

a) I en stor gryde varmes olivenolien op over medium varme.

b) Tilsæt det hakkede løg og hakket hvidløg. Sauter indtil løget bliver gennemsigtigt og hvidløget dufter.

c) Tilsæt malet spidskommen, tørret oregano og ají amarillo-pasta til gryden. Rør godt sammen og kog i yderligere et minut for at frigive smagen.

d) Tilsæt fiske- eller grøntsagsbouillon og bring det i kog. Reducer varmen til lav og lad det simre i cirka 10 minutter, så smagen kan smelte sammen.

e) Tilsæt den inddampede mælk, frosne majskerner, kartofler i tern, gulerødder, zucchini, ærter, rød peberfrugt, grøn peberfrugt og hakket koriander til gryden. Rør godt rundt og smag til med salt og peber.

f) Lad blandingen simre i cirka 15 minutter, eller indtil grøntsagerne er møre.

g) Imens sauterer du rejerne i en lille smule olivenolie i en separat gryde, indtil de bliver lyserøde og er gennemstegte. Sæt til side.

h) Når grøntsagerne er møre, hældes de sammenpiskede æg langsomt i gryden under konstant omrøring. Dette vil skabe bånd af kogt æg i hele suppen.

i) Tilsæt de kogte rejer til gryden og rør forsigtigt for at kombinere. Lad suppen simre i yderligere 5 minutter, så smagen smelter sammen.

j) Server Chupe de Camarones/Reje Chowder varm, garneret med smuldret friskost og hakket frisk koriander.

71. Chupe de Pescado/Fish Chowder

INGREDIENSER:
- 1 pund hvide fiskefileter (såsom snapper, torsk eller tilapia), skåret i mundrette stykker
- 1 løg, finthakket
- 3 fed hvidløg, hakket
- 2 spsk. af vegetabilsk olie
- 2 spsk. af ají amarillo-pasta (peruviansk gul chilipasta) eller erstat med gul peberpuré
- 2 kopper fiske- eller skaldyrsbouillon
- 2 kopper vand
- 2 mellemstore kartofler, skrællet og skåret i tern
- 1 kop frosne majskerner
- 1 kop inddampet mælk
- 1 kop friske eller frosne ærter
- 1 kop revet ost (såsom mozzarella eller cheddar)
- 2 spsk. af hakket frisk koriander
- Salt og peber efter smag
- Limebåde til servering

INSTRUKTIONER:
a) I en stor gryde opvarmes den vegetabilske olie over medium varme.
b) Tilsæt det hakkede løg og hakket hvidløg, og svits indtil løget bliver gennemsigtigt og hvidløget dufter.
c) Rør ají amarillo-pastaen eller den gule peberfrugtpuré i, og kog i et minut for at inkorporere smagene.
d) Tilsæt fiske- eller skaldyrsbouillon og vand i gryden, og bring blandingen i kog.
e) Tilsæt kartofler i tern til gryden, reducer varmen til middel-lav, og lad det simre i cirka 10 minutter, eller indtil kartoflerne er delvist kogte.
f) Rør fiskefileterne og de frosne majskerner i. Lad det simre i yderligere 5-7 minutter, indtil fisken er gennemstegt og majsene er møre.
g) Hæld den inddampede mælk i og tilsæt ærterne. Rør godt sammen.
h) Krydr Chupe de Pescado/fiskesaften med salt og peber efter smag. Tilpas krydderiet efter behov.
i) Drys den revne ost over toppen af suppen. Dæk gryden til og lad det simre i yderligere 5 minutter, eller indtil osten er smeltet og smagene er godt blandet.
j) Tag gryden af varmen og drys den hakkede koriander over suppen.
k) Servér Chupe de Pescado/Fish Chowder varm med limebåde på siden til at presse over suppen.
l) Du kan nyde Chupe de Pescado/Fish Chowder alene eller servere den med sprødt brød eller ris.

72. Arroz con Mariscos/Seafood Rice

INGREDIENSER:
- 2 kopper langkornet hvide ris
- 1 pund blandet fisk og skaldyr (såsom rejer, calamari, muslinger og kammuslinger), renset og renset
- 2 spsk. vegetabilsk olie
- 1 løg, finthakket
- 4 fed hvidløg, hakket
- 1 rød peberfrugt i tern
- 1 kop tomater i tern (friske eller dåse)
- 1 spsk. tomatpuré
- 1 kop fiske- eller skaldyrsbouillon
- 1 kop hvidvin (valgfrit)
- 1 tsk. stødt spidskommen
- 1 tsk. paprika
- 1/2 tsk. tørret oregano
- 1/4 tsk. cayennepeber (valgfrit, til varme)
- 1/4 kop hakket frisk koriander
- 1/4 kop hakket frisk persille
- Saft af 1 lime
- Salt, efter smag
- Peber, efter smag

INSTRUKTIONER:
a) Skyl risene under koldt vand, indtil vandet er klart.
b) Kog risene efter pakkens anvisning og stil dem til side.
c) I en stor stegepande eller paellapande opvarmes vegetabilsk olie over medium varme.
d) Tilsæt hakket løg, hakket hvidløg og rød peberfrugt i tern.
e) Sauter indtil grøntsagerne er bløde og dufter.
f) Tilsæt de blandede fisk og skaldyr til stegepanden og kog indtil de er delvist kogte, cirka 3-4 minutter.
g) Fjern et par stykker skaldyr og sæt dem til side til pynt senere, hvis det ønskes.
h) Rør de hakkede tomater, tomatpure, fiske- eller skaldyrsbouillon og hvidvin i (hvis du bruger).
i) Bring blandingen til at simre og kog i cirka 5 minutter, så smagen kan smelte sammen.
j) Tilsæt malet spidskommen, paprika, tørret oregano og cayennepeber (hvis du bruger). Rør for at kombinere.
k) Fold de kogte ris i og bland dem forsigtigt med skaldyr og sauce, indtil de er godt blandet.
l) Kog i yderligere 5 minutter for at lade smagene blande sig.
m) Tag gryden af varmen og rør den hakkede koriander, hakket persille og limesaft i.
n) Smag til med salt og peber efter smag.
o) Pynt Arroz con Mariscos/Seafood Rice med de reserverede kogte skaldyr og yderligere friske krydderurter, hvis det ønskes.
p) Server Arroz con Mariscos/Seafood Rice varm, ledsaget af en side af limebåde og et drys frisk koriander eller persille.

73.Escabeche de Pescado/Syltet fisk

INGREDIENSER:
- 1 ½ pund hvide fiskefileter (såsom snapper, tilapia eller torsk)
- ½ kop universalmel
- Salt og peber efter smag
- Vegetabilsk olie til stegning
- 1 rødløg, skåret i tynde skiver
- 2 gulerødder, revet i julien
- 1 rød peberfrugt, skåret i tynde skiver
- 4 fed hvidløg, hakket
- 1 kop hvid eddike
- 1 kop vand
- 2 laurbærblade
- 1 tsk. af tørret oregano
- 1 tsk. af stødt kommen
- ½ tsk. af paprika
- Salt og peber efter smag
- Frisk koriander eller persille til pynt

INSTRUKTIONER:

a) Krydr fiskefileterne med salt og peber. Dryp dem i mel, ryst eventuelt overskydende af.

b) Varm vegetabilsk olie i en stor stegepande over medium-høj varme. Steg fiskefileterne til de er gyldenbrune på begge sider. Fjern fra panden og sæt til side på en køkkenrulle-beklædt tallerken for at dræne overskydende olie.

c) I den samme stegepande sauterer du det skårne rødløg, juliennede gulerødder, skåret rød peberfrugt og hakket hvidløg, indtil de begynder at blive bløde, cirka 5 minutter.

d) I en separat gryde kombineres hvid eddike, vand, laurbærblade, tørret oregano, stødt spidskommen, paprika, salt og peber. Bring blandingen i kog.

e) Tilsæt de sauterede grøntsager til den kogende eddikeblanding. Skru ned for varmen og lad det simre i cirka 10 minutter, så smagen smelter sammen.

f) Anret de stegte fiskefileter i et lavt fad. Hæld eddike- og grøntsagsblandingen over fiskene, og dæk dem helt. Lad retten køle af til stuetemperatur.

g) Dæk fadet til og stil det på køl i mindst 2 timer eller natten over for at lade fisken absorbere smagen.

h) Server Escabeche de Pescado/syltet fisk afkølet, pyntet med frisk koriander eller persille.

i) Du kan nyde fisken og grøntsagerne med marinaden som tilbehør eller servere den med ris eller brød.

CHOWDERS

74. Chupe de Ollucos/Olluco Kartoffelsuppe

INGREDIENSER:

- 2 spsk. vegetabilsk olie
- 1 løg, finthakket
- 2 fed hvidløg, hakket
- 1 tsk. stødt spidskommen
- 1 tsk. tørret oregano
- 4 kopper grøntsags- eller hønsebouillon
- 4 mellemstore ollucos, skrællet og skåret i tern
- 2 mellemstore kartofler, skrællet og skåret i tern
- 1 kop inddampet mælk
- 1 kop queso fresco eller fetaost, smuldret
- Salt og peber efter smag
- Frisk koriander, hakket (til pynt)

INSTRUKTIONER:

a) I en stor gryde opvarmes den vegetabilske olie over medium varme.

b) Tilsæt hakket løg og hakket hvidløg, og svits indtil løget er blødt og gennemsigtigt.

c) Rør malet spidskommen og tørret oregano i, og kog i yderligere et minut for at riste krydderierne.

d) Kom grøntsags- eller hønsebouillon i gryden, og bring det i kog.

e) Tilsæt ollucos og kartofler i tern i gryden. Skru ned for varmen, og kog indtil grøntsagerne er møre, cirka 15-20 minutter.

f) Brug en kartoffelmoser eller bagsiden af en ske, og mos forsigtigt nogle af kartoflerne mod siden af gryden for at tykne suppen.

g) Rør den inddampede mælk og smuldret queso fresco eller fetaost i. Fortsæt med at simre i yderligere 5 minutter, under omrøring af og til, indtil osten er smeltet og suppen er tyknet lidt.

h) Smag til med salt og peber efter smag.

i) Tag gryden af varmen og lad den køle lidt af inden servering.

j) Hæld Chupe de Ollucos/Olluco kartoffelsuppe i skåle og pynt med frisk koriander.

k) Server suppen varm og nyd den beroligende smag af Chupe de Ollucos/Olluco Potato Chowder.

75.Chupe de Camote/Sweet Potato Chowder

INGREDIENSER:

- 2 spsk. vegetabilsk olie
- 1 løg, finthakket
- 2 fed hvidløg, hakket
- 2 tsk. stødt spidskommen
- 1 tsk. tørret oregano
- 4 kopper grøntsags- eller hønsebouillon
- 2 store søde kartofler, skrællet og skåret i tern
- 1 kop majskerner (friske eller frosne)
- 1 kop inddampet mælk
- 1 kop queso fresco eller fetaost, smuldret
- Salt og peber efter smag
- Frisk koriander, hakket (til pynt)

INSTRUKTIONER:

a) Opvarm vegetabilsk olie i en stor gryde over medium varme.

b) Tilsæt hakket løg og hakket hvidløg, og svits indtil løget er blødt og gennemsigtigt.

c) Rør malet spidskommen og tørret oregano i, og kog i yderligere et minut for at riste krydderierne.

d) Kom grøntsags- eller hønsebouillon i gryden, og bring det i kog.

e) Tilsæt søde kartofler i tern og majskerner i gryden. Skru ned for varmen, og kog indtil de søde kartofler er møre, cirka 15-20 minutter.

f) Brug en kartoffelmoser eller bagsiden af en ske, og mos forsigtigt nogle af de søde kartofler mod siden af gryden for at tykne suppen.

g) Rør den inddampede mælk og smuldret queso fresco eller fetaost i. Fortsæt med at simre i yderligere 5 minutter, under omrøring af og til, indtil osten er smeltet og suppen er tyknet lidt.

h) Smag til med salt og peber efter smag.

i) Tag gryden af varmen og lad den køle lidt af inden servering.

j) Hæld Chupe de Camote/Sweet Potato Chowder i skåle og pynt med frisk koriander.

k) Server suppen varm og nyd den beroligende smag af Chupe de Camote/Sweet Potato Chowder.

76. Kylling og koriander suppe (Aguadito de Pollo)

INGREDIENSER:
- 4 kyllingelår eller tilsvarende mængde rå kylling i tern Salt og peber
- ¼ kop vegetabilsk olie
- ½ kop løg, finthakket
- 2 fed hvidløg, mosede
- 2 friske aji amarillo, hakket eller 3 spsk pasta (se note) 2 kopper korianderblade (kassér stilkene)
- 4 kopper hønsefond
- 1 kop mørk øl (valgfrit)
- ½ rød peberfrugt skåret i skiver
- 1 kop gulerod, skåret i tern
- ½ kop langkornet ris
- 4 mellemstore gule kartofler, skrællede og i tern ½ kop grønne ærter

INSTRUKTIONER:

a) Krydr kyllingen med salt og peber. Opvarm vegetabilsk olie i en gryde over medium varme, tilsæt kyllingestykkerne og svits dem. Læg kyllingestykkerne over på en tallerken og hold dem varme. Svits løg og hvidløg i samme gryde til de er gyldne.

b) Forarbejd korianderblade og frisk aji amarillo med ¼ kop vand i en blender indtil glat; tilsæt løgblandingen sammen med hønsefond, øl, hvis du bruger, kylling, kartofler og gulerødder. Bring det i kog, skru ned for varmen, læg låg på og lad det simre i 20 minutter.

c) Tilsæt ris, læg låg på gryden og lad det simre, indtil risene er færdige. Tilsæt ærter de sidste par minutter af kogetiden.

d) Pynt med strimler af rød peberfrugt.

77. Chupe de Lentejas/Lentil Chowder

INGREDIENSER:
- 2 kopper tørrede brune eller grønne linser
- 1 løg, finthakket
- 3 fed hvidløg, hakket
- 1 gulerod i tern
- 1 kartoffel i tern
- 1 kop frosne majskerner
- 1 kop tomater i tern (friske eller dåse)
- 4 kopper grøntsagsbouillon eller vand
- 1 kop mælk eller inddampet mælk
- 1 tsk. af stødt kommen
- 1 tsk. af tørret oregano
- 1 laurbærblad
- Salt og peber efter smag
- Hakket frisk persille eller koriander til pynt
- Limebåde til servering

INSTRUKTIONER:
a) Skyl linserne under koldt vand og fjern eventuelle snavs eller sten.
b) I en stor gryde, opvarm noget vegetabilsk olie over medium varme.
c) Tilsæt det hakkede løg og hakket hvidløg i gryden, og svits indtil løget bliver gennemsigtigt og hvidløget dufter.
d) Tilsæt gulerod, kartoffel og frosne majskerner i tern til gryden.
e) Kog i et par minutter for at blødgøre grøntsagerne.
f) Rør de hakkede tomater, stødt spidskommen, tørret oregano og laurbærblad i.
g) Kog i endnu et minut for at kombinere smagene.
h) Kom de skyllede linser i gryden og hæld grøntsagsbouillon eller vand i.
i) Smag til med salt og peber efter smag.
j) Bring blandingen i kog, reducer derefter varmen til lav og lad det simre i cirka 30-40 minutter eller indtil linserne er møre og gennemstegte. Rør af og til.
k) Når linserne er kogt, røres mælken eller inddampet mælk i.
l) Juster konsistensen ved at tilføje mere væske, hvis det ønskes.
m) Lad Chupe de Lentejas/Lentil Chowder simre i yderligere 5-10 minutter for at varme igennem og lade smagene smelte sammen.
n) Tag gryden af varmen og kassér laurbærbladet.
o) Server Chupe de Lentejas/Lentil Chowder varm, garneret med hakket frisk persille eller koriander.
p) Server med limebåde ved siden af til at presse over gryden.

78. Chupe de Quinua/Quinoa Chowder

INGREDIENSER:
- 1 kop quinoa, skyllet
- 2 spsk. vegetabilsk olie
- 1 løg, hakket
- 2 fed hvidløg, hakket
- 1 gulerod i tern
- 1 kartoffel i tern
- 1 kop majskerner
- 1 kop grønne ærter
- 4 kopper grøntsags- eller hønsebouillon
- 1 kop inddampet mælk
- 1 tsk. stødt spidskommen
- 1 tsk. tørret oregano
- Salt og peber efter smag
- Frisk koriander, hakket (til pynt)

INSTRUKTIONER:
a) I en stor gryde opvarmes den vegetabilske olie over medium varme.
b) Tilsæt hakket løg og hakket hvidløg, og svits indtil løget bliver gennemsigtigt.
c) Tilsæt gulerod, kartoffel, majskerner og grønne ærter i tern i gryden. Rør rundt og kog i et par minutter, indtil grøntsagerne begynder at blive bløde.
d) Skyl quinoaen grundigt under koldt vand.
e) Tilsæt quinoa til gryden og rør rundt for at kombinere med grøntsagerne.
f) Hæld grøntsags- eller hønsebouillon i og bring blandingen i kog. Skru ned for varmen, dæk gryden til og lad det simre i cirka 15-20 minutter, eller indtil quinoaen og grøntsagerne er møre.
g) Rør den inddampede mælk, stødt spidskommen og tørret oregano i.
h) Smag til med salt og peber efter smag.
i) Lad det simre i yderligere 5 minutter, så smagene kan smelte sammen. Tag den af varmen og lad den hvile et par minutter og server derefter.

79. Chupe de Pallares Verdes/Green Bean Chowder

INGREDIENSER:
- 2 kopper grønne lima bønner (pallares verdes), udblødt natten over og drænet
- 2 spsk. vegetabilsk olie
- 1 løg, finthakket
- 2 fed hvidløg, hakket
- 1 tsk. stødt spidskommen
- 1 tsk. tørret oregano
- 4 kopper grøntsags- eller hønsebouillon
- 2 mellemstore kartofler, skrællet og skåret i tern
- 1 kop inddampet mælk
- 1 kop queso fresco eller fetaost, smuldret
- Salt og peber efter smag
- Frisk persille, hakket (til pynt)

INSTRUKTIONER:

a) Tilsæt de udblødte og afdryppede grønne limabønner i en stor gryde. Dæk dem med vand og bring dem i kog. Reducer varmen og lad det simre indtil bønnerne er møre, cirka 30-40 minutter. Dræn og sæt til side.

b) I samme gryde opvarmes den vegetabilske olie over medium varme.

c) Tilsæt hakket løg og hakket hvidløg, og svits indtil løget er blødt og gennemsigtigt.

d) Rør malet spidskommen og tørret oregano i, og kog i yderligere et minut for at riste krydderierne.

e) Kom grøntsags- eller hønsebouillon i gryden, og bring det i kog.

f) Tilsæt kartofler i tern og kogte grønne limabønner i gryden. Reducer varmen til et simre og kog indtil kartoflerne er møre, cirka 15-20 minutter.

g) Brug en kartoffelmoser eller bagsiden af en ske til at mos forsigtigt nogle af kartoflerne og bønnerne mod siden af gryden for at tykne suppen.

h) Rør den inddampede mælk og smuldret queso fresco eller fetaost i. Fortsæt med at simre i yderligere 5 minutter, under omrøring af og til, indtil osten er smeltet og suppen er tyknet lidt.

i) Smag til med salt og peber efter smag.

j) Tag gryden af varmen og lad den køle lidt af inden servering.

k) Hæld Chupe de Pallares Verdes/Green Bean Chowder i skåle og pynt med frisk persille.

l) Server suppen varm og nyd den beroligende smag af Chupe de Pallares Verdes/Green Bean Chowder.

80. Chupe de Papa/Kartoffelsuppe

INGREDIENSER:
- 6 mellemstore kartofler, skrællet og skåret i tern
- 1 løg, finthakket
- 2 fed hvidløg, hakket
- 2 spsk. vegetabilsk olie
- 4 kopper kylling eller grøntsagsbouillon
- 1 kop mælk
- 1 kop inddampet mælk
- 1 kop frosne eller friske majskerner
- 1 kop frosne eller friske ærter
- 1 kop queso fresco eller fetaost, smuldret
- 2 æg
- 2 spsk. frisk koriander, hakket
- Salt og peber efter smag

INSTRUKTIONER:
a) I en stor gryde opvarmes den vegetabilske olie over medium varme.
b) Tilsæt hakket løg og hakket hvidløg, og svits, indtil de er bløde og velduftende.
c) Tilsæt de hakkede kartofler til gryden og rør rundt for at dække dem med løg- og hvidløgsblandingen.
d) Hæld kyllinge- eller grøntsagsbouillon i og bring blandingen i kog. Skru ned for varmen, dæk gryden til, og lad det simre i cirka 15-20 minutter eller indtil kartoflerne er møre.
e) Brug en gaffel eller kartoffelmoser til at mos nogle af kartoflerne let i gryden for at tykne suppen. Dette vil give Chupe de Papa/Potato Chowder en cremet konsistens.
f) Tilsæt mælk, inddampet mælk, majskerner og ærter til gryden. Rør godt for at kombinere alle ingredienserne.
g) Fortsæt med at koge suppen ved svag varme i yderligere 10-15 minutter, så smagene blandes sammen.
h) Pisk æggene i en separat skål. Tilsæt gradvist en slev af den varme suppe til de sammenpiskede æg, mens du pisk konstant for at temperere æggene og forhindre dem i at stivne.
i) Hæld langsomt æggeblandingen tilbage i gryden under konstant omrøring. Dette vil hjælpe med at tykne suppen og give den en cremet konsistens.
j) Tilsæt den smuldrede queso fresco eller fetaost til gryden og rør, indtil det smelter ind i suppen.
k) Krydr Chupe de Papa/kartoffelsuppen med salt og peber efter smag. Juster krydderierne efter dine præferencer.
l) Til sidst drysses den friske koriander over suppen og røres forsigtigt.
m) Server Chupe de Papa/kartoffelsuppen varm i skåle, garneret med yderligere koriander, hvis det ønskes.

DESSERT

81. Humitas/dampede majskager

INGREDIENSER:
- 6 friske aks
- 1 løg, finthakket
- 2 spsk. vegetabilsk olie
- 1 spsk. ají amarillo pasta (valgfrit, for et krydret kick)
- 1 tsk. stødt spidskommen
- 1 tsk. paprika
- Salt og peber efter smag
- Majsskaller, udblødt i vand i mindst 1 time

INSTRUKTIONER:

a) Start med at fjerne skallerne fra majsørerne og læg dem til side. Pil forsigtigt majskernerne fra kolberne, og sørg for også at samle al majsmælken.

b) I en blender eller foodprocessor blendes majskerner og majsmælk, indtil du har en jævn blanding. Sæt til side.

c) I en gryde opvarmes den vegetabilske olie over medium varme.

d) Tilsæt det hakkede løg og sauter, indtil det bliver gennemsigtigt og duftende.

e) Tilsæt ají amarillo-pastaen (hvis du bruger), stødt spidskommen, paprika, salt og peber til gryden. Rør godt sammen og kog i endnu et minut.

f) Hæld den blendede majsblanding i gryden med de krydrede løg. Rør konstant for at forhindre klumper i at dannes og kog i cirka 10 minutter, indtil blandingen tykner.

g) Tag gryden af varmen og lad blandingen køle lidt af.

h) Tag en opblødt majsskal og læg ca. 2 spsk. af majsblandingen i midten. Fold skallen over fyldet, og lav en rektangulær pakke. Bind enderne af skallen med en tynd strimmel opblødt skalle eller køkkengarn for at sikre humitaen.

i) Gentag processen med den resterende majsblanding og skaller, indtil al blandingen er brugt.

j) Fyld en stor gryde med vand og bring det i kog. Placer en dampkurv eller et dørslag over gryden, og sørg for, at den ikke rører vandet.

k) Arranger de indpakkede Humitas/dampede majskager i dampkogeren, dæk gryden med et låg og damp i cirka 45 minutter til 1 time, eller indtil Humitas/dampede majskager er faste og gennemstegte.

l) Fjern Humitas/dampede majskager fra dampkogeren og lad dem køle lidt af, før de pakkes ud og serveres.

82. Arroz con Leche/Risengrød

INGREDIENSER:
- 1 kop hvide ris
- 4 kopper mælk
- 1 kop vand
- 1 kanelstang
- 1 kop sukker (tilpas efter smag)
- 1 tsk. af vaniljeekstrakt
- Skal af 1 citron (valgfrit)
- Kværnet kanel til pynt

INSTRUKTIONER:
a) Skyl risene under koldt vand for at fjerne overskydende stivelse.
b) I en stor gryde kombineres de skyllede ris, mælk, vand og kanelstang.
c) Stil gryden over medium-høj varme og bring blandingen i kog.
d) Reducer varmen til lav og lad det simre under omrøring af og til for at forhindre at de sidder fast i cirka 20 minutter, eller indtil risene er kogte og møre.
e) Tilsæt sukkeret og rør til det er helt opløst.
f) Fortsæt med at koge risengrøden ved lav varme, under jævnlig omrøring, i yderligere 10-15 minutter, eller indtil blandingen tykner til en cremet konsistens.
g) Tag gryden af varmen og rør vaniljeekstrakt og citronskal (hvis du bruger det) i. Lad Arroz con Leche/Risengrøden køle af i et par minutter.
h) Fjern kanelstangen fra gryden.
i) Overfør Arroz con Leche/Risengrøden til individuelle serveringsfade eller en stor serveringsskål.
j) Drys stødt kanel på toppen til pynt.
k) Server Arroz con Leche/Risengrøden varm eller afkølet. Den kan nydes alene eller med et drys ekstra kanel på toppen.

83. Mazamorra Morada/Purple Corn Pudding

INGREDIENSER:

- 2 kopper lilla majskerner (tørrede)
- 8 kopper vand
- 1 kanelstang
- 4 nelliker
- 1 kop ananas i tern
- 1 kop æble i tern
- 1 kop pære i tern
- 1 kop kvæde i tern (valgfrit)
- 1/2 kop tørrede svesker
- 1/2 kop tørrede abrikoser
- 1 kop sukker
- 1/4 kop majsstivelse
- Saft af 1 lime
- Kværnet kanel til pynt

INSTRUKTIONER:

a) Kombiner de lilla majskerner, vand, kanelstang og nelliker i en stor gryde.
b) Bring blandingen i kog, reducer derefter varmen og lad det simre i cirka 45 minutter til 1 time.
c) Dette vil udtrække smag og farve fra den lilla majs.
d) Si væsken over i en anden gryde, og kassér majskerner, kanelstang og nelliker. Sæt gryden tilbage på varmen.
e) Tilsæt ananas i tern, æble, pære, kvæde (hvis du bruger), tørrede svesker og tørrede abrikoser til gryden. Lad det simre i cirka 15 minutter, eller indtil frugterne er møre.
f) I en lille skål blandes sukker og majsstivelse sammen.
g) Tilsæt denne blanding til gryden og rør godt sammen.
h) Kog i yderligere 5-10 minutter under konstant omrøring, indtil blandingen tykner.
i) Tag gryden af varmen og rør limesaften i.
j) Lad Mazamorra Morada/Purple Corn Pudding køle af til stuetemperatur, og sæt den derefter på køl i mindst 2 timer, eller indtil den er afkølet og stivnet.
k) For at servere, hæld Mazamorra Morada/Purple Corn Pudding i individuelle skåle eller glas.
l) Drys stødt kanel på toppen til pynt.
m) Nyd Mazamorra Morada/Purple Corn Pudding afkølet som en forfriskende og sød dessert.

84. Mazamorra de Quinua/Quinoa Budding

INGREDIENSER:
- 1 kop quinoa
- 4 kopper vand
- 4 kopper mælk
- 1 kanelstang
- 1 tsk. af vaniljeekstrakt
- 1/2 kop sukker (tilpas efter smag)
- 1/4 tsk. af stødt nelliker
- 1/4 tsk. af stødt muskatnød
- Rosiner og/eller hakkede nødder til pynt (valgfrit)

INSTRUKTIONER:

a) Skyl quinoaen grundigt under koldt vand for at fjerne enhver bitterhed.

b) Kombiner quinoa og vand i en stor gryde. Bring det i kog over medium-høj varme, reducer derefter varmen til lav og lad det simre i cirka 15 minutter, eller indtil quinoaen er mør. Tøm eventuelt overskydende vand.

c) Kom den kogte quinoa tilbage i gryden og tilsæt mælk, kanelstang, vaniljeekstrakt, sukker, stødt nelliker og stødt muskatnød.

d) Rør blandingen godt og lad den koge let ved middel varme.

e) Kog i cirka 20-25 minutter, under omrøring af og til, indtil blandingen tykner til en budding-lignende konsistens.

f) Tag gryden af varmen og kassér kanelstangen.

g) Lad Mazamorra de Quinua/Quinoa Pudding køle af i et par minutter før servering.

h) Server Mazamorra de Quinua/Quinoa-puddingen varm eller afkølet i skåle eller dessertkopper.

i) Pynt hver portion med rosiner og/eller hakkede nødder, hvis det ønskes.

85. Frejol Colado/Bønnepudding

INGREDIENSER:

- 2 kopper kogte peruvianske kanariebønner eller pintobønner
- 1 løg, hakket
- 2 fed hvidløg, hakket
- 2 spsk. af vegetabilsk olie
- 1 tsk. af stødt kommen
- 1 tsk. af tørret oregano
- 1 kop kylling eller grøntsagsbouillon
- Salt og peber efter smag
- Valgfri toppings: hakket koriander, smuldret queso fresco, snittet rødløg eller stegte flæskesvær (chicharrones)

INSTRUKTIONER:

a) I en stor gryde opvarmes den vegetabilske olie over medium varme.

b) Tilsæt det hakkede løg og hakket hvidløg, og svits indtil løget bliver gennemsigtigt og hvidløget dufter.

c) Tilsæt malet spidskommen og tørret oregano til gryden, og kog i et minut for at riste krydderierne.

d) Tilsæt de kogte bønner til gryden og rør rundt for at kombinere med løg- og krydderiblandingen.

e) Hæld kyllinge- eller grøntsagsbouillon i, og smag til med salt og peber.

f) Bring blandingen til at simre, og lad den koge i cirka 10 minutter, så smagen kan smelte sammen.

g) Brug en stavblender eller en almindelig blender til at purere bønneblandingen, indtil den er glat og cremet. Hvis du bruger en almindelig blender, skal du blende blandingen i portioner og være forsigtig med den varme væske.

h) Hvis konsistensen er for tyk, kan du tilsætte mere bouillon eller vand for at opnå den ønskede tykkelse.

i) Sæt gryden tilbage på komfuret ved lav varme, og fortsæt med at koge Frejol Colado/Bean Pudding i yderligere 5 minutter, under omrøring af og til.

j) Smag til og juster krydderiet efter behov.

k) Fjern fra varmen og server Frejol Colado/Bean Pudding varm.

l) Pynt hver servering med hakket koriander, smuldret queso fresco, skåret rødløg eller stegte flæskesvær, hvis det ønskes.

86. Karamelkagesandwich (Alfajores)

INGREDIENSER:
- 1 kop majsstivelse
- 1 ¼ kopper mel
- ¾ kop pulveriseret sukker ½ tsk. bagepulver 1/8 tsk. havsalt
- 2 stænger smør, skåret i tern
- 113 oz. kan sødet kondenseret mælk, eller købt dulce de leche

INSTRUKTIONER:
TIL DULCE DE LECHE
a) Fjern etiketten fra en dåse sødet kondenseret mælk og læg den i en dyb gryde. Læg dåsen på siden og dæk med vand med to tommer.
b) Bring det i kog, tildækket, og fortsæt med at koge i to til tre timer. Den længere tidsperiode vil give dig en mørkere karamel. Sørg for at tjekke nu og da for at se, om dåsen stadig er dækket af vand, tilsæt mere efter behov.
c) Tag den op af gryden og lad den køle af. Dette kan laves før tid. Den holder sig uendeligt i køleskabet. Bring til stuetemperatur inden brug for at fordele mellem kagerne.

TIL KAGERNE
d) Forvarm ovnen til 350 grader.
e) Kom alle de tørre ingredienser sammen i en foodprocessor og pulsér et par gange for at blande godt. Tilsæt smør i tern og pulsér indtil det begynder at samle sig i en kugle. Bland ikke for meget – det skal se pjusket ud – så presser du resten af dejen sammen på et bord.
f) Flad ud til en skive, pak i plastik og stil på køl i 30 minutter for at stivne lidt.
g) Rul dejen ud ca. ¼" tyk og skær den ud med en lille rund udstikker. Skæreren, jeg brugte, var omkring 2" bred, men et glas fungerer godt. Læg rundstykkerne på en bageplade beklædt med bagepapir og bag dem i 1012 minutter, lige indtil bunden er let brun og toppen stadig er hvid. Afkøl helt.
h) Saml småkage-sandwichene ved at fordele 12 teskefulde dulce de leche på den ene kagehalvdel og top med den anden.
i) Støv med pulveriseret sukker og fortær!

87.Tres Leches kage (Pastel de Tres Leches)

INGREDIENSER:
TIL KAGEN:
- 1 kop universalmel
- 1 1/2 tsk bagepulver
- 1/4 tsk salt
- 4 store æg
- 1 kop granuleret sukker
- 1/3 kop sødmælk
- 1 tsk vaniljeekstrakt

TIL DE TRE MÆLKEBLANDINGER:
- 1 dåse (14 ounce) sødet kondenseret mælk
- 1 dåse (12 ounce) inddampet mælk
- 1 kop sødmælk

TIL TOPPINGEN:
- 2 kopper tung fløde
- 2 spsk pulveriseret sukker
- Kværnet kanel til pynt

INSTRUKTIONER:
a) Forvarm ovnen til 350°F (175°C) og smør en 9x13-tommers bageplade.
b) I en skål sigtes mel, bagepulver og salt sammen.
c) Pisk æg og sukker sammen i en separat skål, indtil det er lyst og luftigt. Tilsæt mælk og vaniljeekstrakt og bland godt.
d) Tilsæt gradvist de tørre ingredienser til æggeblandingen og bland til en jævn masse.
e) Hæld dejen i den tilberedte ovnfast fad og bag den i ca. 30 minutter, eller indtil en tandstik, der stikkes i midten, kommer ren ud.
f) Mens kagen stadig er varm, prikkes den igennem med en gaffel.
g) I en separat skål blandes de tre mælke sammen (sødet kondenseret mælk, inddampet mælk og sødmælk).
h) Hæld blandingen af tre mælke jævnt over den varme kage. Lad det trække og afkøle til stuetemperatur.
i) I en anden skål piskes den tunge fløde med pulveriseret sukker, indtil der dannes stive toppe.
j) Fordel flødeskummet over toppen af kagen.
k) Stil Tres Leches-kagen i køleskabet i et par timer før servering.
l) Drys med stødt kanel lige inden servering.

88.Suspiro a la Limeña (peruviansk karamel og marengsdessert)

INGREDIENSER:
TIL KARAMELLEN:
- 1 kop granuleret sukker
- 1/4 kop vand

TIL MARENGS:
- 4 æggehvider
- 1 kop granuleret sukker
- 1 tsk vaniljeekstrakt

TIL FREMILLE:
- 1 dåse (14 ounce) sødet kondenseret mælk
- 4 æggeblommer
- 1 tsk vaniljeekstrakt

INSTRUKTIONER:
a) I en gryde kombineres sukker og vand til karamellen. Kog over medium varme, under omrøring af og til, indtil det får en gylden karamelfarve. Hæld karamellen i bunden af serveringsfade eller en stor glasskål.
b) I en røreskål pisk æggehviderne, indtil der dannes stive toppe. Tilsæt gradvist sukker og vaniljeekstrakt, fortsæt med at piske, indtil det er blankt.
c) Bland den sødede kondenserede mælk, æggeblommer og vaniljeekstrakt i en separat skål, indtil det er godt blandet.
d) Vend forsigtigt æggehvideblandingen i cremeblandingen.
e) Hæld cremeblandingen over karamellen i serveringsfadene.
f) Stil på køl et par timer før servering. Karamellen vil stige til toppen og skabe en dejlig to-lags dessert.

89. Mazamorra Morada / lilla majsbudding

INGREDIENSER:
- 2 kopper lilla majsjuice (mazamorra morada koncentrat)
- 1 kop tørrede lilla majskerner
- 1 kanelstang
- 4 nelliker
- 1 kop sukker
- 1/2 kop kartoffelstivelse
- Ananas bidder og svesker til pynt

INSTRUKTIONER:
a) Kombiner den lilla majssaft, tørrede lilla majskerner, kanelstang og nelliker i en stor gryde. Bring det i kog og lad det simre i cirka 20 minutter.
b) I en separat skål blandes kartoffelstivelsen med lidt vand for at skabe en opslæmning.
c) Tilsæt sukker og kartoffelstivelse i gryden under konstant omrøring. Fortsæt med at koge, indtil blandingen tykner.
d) Fjern fra varmen og lad det køle af.
e) Pynt med ananas bidder og svesker inden servering.

90.Picarones (peruvianske græskardonuts med sirup)

INGREDIENSER:
TIL PICARONERNE:
- 2 kopper universalmel
- 1 kop moset græskar (kogt og moset)
- 1/4 kop sød kartoffelpuré
- 1 tsk aktiv tørgær
- 1 tsk anisfrø
- 1/4 tsk salt
- Vegetabilsk olie til stegning

TIL SIRUPPEN:
- 1 kop mørk brun farin
- 1/2 kop vand
- 2 kanelstænger
- 2 nelliker

INSTRUKTIONER:
a) I en skål kombineres mel, moset græskar, sød kartoffelpuré, aktiv tørgær, anisfrø og salt. Bland indtil der dannes en klistret dej.
b) Dæk skålen til og lad dejen hæve i cirka 1 time, til den fordobles i størrelse.
c) I en stor gryde opvarmes vegetabilsk olie til stegning.
d) Fugt dine hænder og form små portioner af dejen til ringe eller otte figurer.
e) Smid forsigtigt picaronerne ned i den varme olie og steg til de er gyldenbrune på begge sider.
f) I en separat gryde kombineres det mørke brune sukker, vand, kanelstænger og nelliker. Lad det simre ved svag varme for at skabe en sirup.
g) Dyp de stegte picaroner i siruppen og server dem lune.

91. Alfajores de Maicena (peruviansk majsstivelse Alfajores)

INGREDIENSER:

Til cookies:
- 2 kopper majsstivelse
- 1 1/4 kopper universalmel
- 1/2 kop usaltet smør, blødgjort
- 1/2 kop pulveriseret sukker
- 3 æggeblommer
- 1 tsk bagepulver
- 1/2 tsk vaniljeekstrakt
- Skal af 1 citron

Til fyldet:
- 1 kop dulce de leche (karameliseret mælk)
- Pulversukker til aftørring

INSTRUKTIONER:

a) Forvarm ovnen til 350°F (175°C).
b) I en skål flød det blødgjorte smør og flormelis sammen til det er luftigt.
c) Tilsæt æggeblommerne, en ad gangen, og bland godt efter hver tilsætning.
d) Rør vaniljeekstrakt og citronskal i.
e) Sigt majsstivelse, universalmel og bagepulver i. Bland indtil du har en blød dej.
f) Rul dejen ud på en meldrysset overflade til cirka 1/4 tomme tykkelse.
g) Skær små runder ud med en kagedåse.
h) Læg rundstykkerne på en bageplade beklædt med bagepapir og bag dem i cirka 10-12 minutter, eller til de er let gyldne.
i) Lad småkagerne køle helt af.
j) Fordel et lag dulce de leche på bunden af en kage og top med en anden for at lave en sandwich.
k) Drys alfajores med flormelis inden servering.

92. Helado de Lucuma (Lucuma is)

INGREDIENSER:

- 2 kopper lucuma frugtkød (frosset eller dåse)
- 2 kopper tung fløde
- 1 kop sødet kondenseret mælk
- 1 tsk vaniljeekstrakt

INSTRUKTIONER:

a) I en blender kombineres lucuma-pulpen, tung fløde, sødet kondenseret mælk og vaniljeekstrakt.
b) Blend indtil blandingen er glat og godt blandet.
c) Hæld blandingen i en ismaskine og kør efter producentens anvisninger.
d) Overfør isen til en lufttæt beholder og frys den, indtil den er fast.
e) Server lucuma-isen i kugler og nyd denne søde og cremede peruvianske godbid.

DRIKKE

93. Chicha de Jora/Gæret majsøl

INGREDIENSER:
- 2 pund jora majs (lilla majs)
- 1 pund ananas, hakket
- 1 kanelstang
- 4 nelliker
- 1 spsk. af tørrede huacatay-blade (valgfrit)
- 2 liter vand
- 1 kop sukker (tilpas efter smag)
- Saft af 2 limefrugter

INSTRUKTIONER:
a) Skyl jora-majsen under koldt vand for at fjerne snavs eller snavs.
b) Læg jora majs i en stor gryde og tilsæt nok vand til at dække det. Lad det trække natten over eller i mindst 8 timer for at blive blødt.
c) Dræn den udblødte jora-majs og kassér udblødningsvandet.
d) I en stor gryde tilsættes de udblødte jora-majs, hakket ananas, kanelstang, nelliker og tørrede huacatay-blade (hvis du bruger).
e) Hæld 2 liter vand i gryden, og sørg for, at alle ingredienserne er nedsænket.
f) Bring blandingen i kog ved middel varme.
g) Reducer varmen til lav og lad det simre i ca. 2 timer, mens du rører i det af og til. I løbet af denne tid vil majsen frigive sine naturlige sukkerarter og smag.
h) Tag gryden af varmen efter 2 timer og lad den køle af til stuetemperatur.
i) Si væsken gennem en finmasket sigte eller ostelærred, og kassér de faste stoffer (majs, ananas, krydderier).
j) Kom den filtrede væske tilbage i gryden og tilsæt sukker efter smag. Rør til sukkeret er opløst.
k) Pres saften af 2 limefrugter i gryden og rør rundt.
l) Overfør Chicha de Jora/Fermented Corn Beer til en kande eller individuelle serveringsglas.
m) Stil Chicha de Jora/fermenteret majsøl på køl, indtil den er afkølet, eller server den over is.
n) Rør Chicha de Jora/Fermented Corn Beer inden servering, da den kan sætte sig og skille sig over tid.
o) Eventuelt kan du pynte hvert glas med et drys stødt kanel eller en ananasskive.

94. Chicha Morada/lilla majsdrik

INGREDIENSER:

- 2 store lilla majskolber
- 8 kopper vand
- 1 ananas, skrællet og skåret i stykker
- 2 æbler, skrællet, udkernet og skåret i tern
- 1 kanelstang
- 4 nelliker
- 1 kop sukker (tilpas efter smag)
- Saft af 2 limefrugter
- Isterninger (til servering)
- Friske mynteblade (til pynt)

INSTRUKTIONER:

a) Kombiner de lilla majskolber og vand i en stor gryde. Bring i kog ved middel varme.

b) Reducer varmen til lav og lad det simre i cirka 30 minutter for at trække smag og farve ud af majsen.

c) Fjern de lilla majskolber fra gryden og kassér dem. Stil den lilla væske til side.

d) Tilsæt ananasstykker, æbler i tern, kanelstang og nelliker i en separat gryde.

e) Hæld den reserverede lilla væske i gryden med frugter og krydderier.

f) Bring blandingen i kog, reducer derefter varmen og lad det simre i ca. 20 minutter, så frugterne og krydderierne kan trække deres smag ind i væsken.

g) Tag gryden af varmen og si væsken for at fjerne de faste stoffer. Kassér frugterne og krydderierne.

h) Rør sukker og limesaft i, og juster sødmen og syren efter din smag.

i) Lad Chicha Morada/Purple Corn Drink køle af til stuetemperatur, og sæt den derefter på køl i mindst 2 timer for at afkøle.

j) Server Chicha Morada/Purple Corn Drink over isterninger i glas, og pynt med friske mynteblade.

95.Inca Kola (peruviansk gul sodavand)

INGREDIENSER:
- 4 kopper vand
- 2 kopper granuleret sukker
- 1 spsk citron verbena ekstrakt
- 1 spsk citronekstrakt
- 1 spsk appelsinekstrakt
- 1 spsk mandarinekstrakt
- 1 spsk kanelekstrakt
- Gul madfarve (valgfrit)

INSTRUKTIONER:
a) Bland vand og sukker i en gryde. Opvarm over medium varme under omrøring, indtil sukkeret er helt opløst.
b) Fjern fra varmen og lad siruppen afkøle til stuetemperatur.
c) Tilsæt citronverbenaekstrakt, citronekstrakt, appelsinekstrakt, mandarinekstrakt og kanelekstrakt til siruppen. Hvis det ønskes, tilsæt gul madfarve for at opnå den lyse gule signaturfarve.
d) Bland godt og overfør Inca Kola sirup til en flaske eller beholder.
e) For at servere skal du blande siruppen med kulsyreholdigt vand i forholdet 3:1 (kulsyreholdigt vand til sirup), eller justere forholdet efter din smag.
f) Tilsæt is og nyd den søde og frugtige smag af Inca Kola.

96. Maracuyá Sour (Passion Fruit Sour)

INGREDIENSER:

- 2 oz Pisco (peruviansk drue brandy)
- 1 oz passionsfrugtpuré
- 1 oz frisk limejuice
- 3/4 oz simpel sirup
- Is
- Friske passionsfrugtfrø til pynt (valgfrit)

INSTRUKTIONER:

a) Kombiner Pisco, passionsfrugtpuré, frisk limesaft og simpel sirup i en shaker.
b) Tilsæt is til shakeren og ryst kraftigt i ca. 15 sekunder.
c) Si blandingen over i et afkølet gammeldags glas eller cocktailglas.
d) Pynt med friske passionsfrugtfrø, hvis det ønskes.
e) Server Maracuyá Sour og nyd de tropiske smage.

97. Coca Tea (Mate de Coca)

INGREDIENSER:
- 1-2 coca teposer eller 1-2 teskefulde tørrede kokablade
- 1 kop varmt vand
- Honning eller sukker (valgfrit)

INSTRUKTIONER:
a) Læg koka teposen eller de tørrede kokablade i en kop.
b) Hæld varmt vand over coca-teposen eller -bladene.
c) Lad det trække i 5-10 minutter, eller indtil det når din ønskede styrke.
d) Sød med honning eller sukker, hvis det ønskes.
e) Nyd koka-te, en traditionel peruviansk urteinfusion kendt for sin milde, jordagtige smag.

98.Jugos Naturales (frisk frugtjuice)

INGREDIENSER:
- Diverse friske frugter (f.eks. papaya, mango, ananas, appelsin, guanabana)
- Vand eller mælk (til cremede versioner)
- Sukker (valgfrit)

INSTRUKTIONER:
a) Vælg din ønskede kombination af frisk frugt og skær dem i stykker.
b) Kom frugtstykkerne i en blender.
c) Tilsæt vand eller mælk for at opnå din foretrukne konsistens (vand for en tyndere juice, mælk for mere cremet).
d) Blend indtil glat.
e) Smag til og tilsæt sukker, hvis det er nødvendigt for sødme.
f) Si saften for at fjerne eventuelt frugtkød, hvis det ønskes.
g) Server den friske frugtjuice over is og nyd de naturlige, levende smag.

99.Pisco Punch

INGREDIENSER:

- 2 oz Pisco (peruviansk drue brandy)
- 1 oz ananasjuice
- 1/2 oz frisk limejuice
- 1/2 oz simpel sirup
- Is
- Frisk ananasskive eller kirsebær til pynt

INSTRUKTIONER:

a) Kombiner Pisco, ananasjuice, frisk limesaft og simpel sirup i en shaker.
b) Tilsæt is til shakeren og ryst kraftigt i ca. 15 sekunder.
c) Si blandingen over i et afkølet gammeldags glas eller cocktailglas.
d) Pynt med en frisk ananasskive eller kirsebær.
e) Server Pisco Punch og nyd de tropiske smage.

100. Coctel de Camu Camu (Camu Camu Fruit Cocktail)

INGREDIENSER:

- 2 kopper frisk camu camu frugt (eller camu camu juice, hvis tilgængelig)
- 1/2 kop pisco (peruviansk drue brandy)
- 2 spsk honning
- 1 kop is
- Friske camu camu bær til pynt (valgfrit)

INSTRUKTIONER:

a) Kombiner den friske camu camu frugt, pisco, honning og is i en blender.
b) Blend indtil glat.
c) Smag til og juster sødmen ved at tilføje mere honning, hvis det ønskes.
d) Hæld Coctel de Camu Camu i glas.
e) Pynt med friske camu camu bær, hvis de er tilgængelige.
f) Server camu camu-cocktailen og nyd den unikke og syrlige smag af denne amazoniske frugt.

KONKLUSION

Da vores peruvianske street food-odyssé nærmer sig sin afslutning, håber vi, at du har nydt dette lækre eventyr gennem Perus gader. Med hver bid er du rejst dybere ind i hjertet af en kulinarisk kultur, der er lige så forskelligartet, som den er smagfuld.

Vi opfordrer dig til at fortsætte med at udforske verden af peruviansk street food, både i dit eget køkken og, hvis det er muligt, på de livlige gader i Peru. Prøv opskrifterne, del dem med venner og familie, og nyd minderne fra din rejse.

Husk, at street food-verdenen ikke kun handler om mad; det handler om at forbinde sig med lokalsamfund, omfavne forskellige traditioner og dele glæden ved lækre måltider. Vi håber, at denne bog har inspireret dig til at opsøge den autentiske smag af peruviansk streetfood og måske begive dig ud på din egen kulinariske odyssé. Tak fordi du var med på dette smagfulde eventyr, og må dine fremtidige måltider altid være fyldt med ånden fra Perus street food-kultur. God appetit!

www.ingramcontent.com/pod-product-compliance
Lightning Source LLC
Chambersburg PA
CBHW071318110526
44591CB00010B/941